大地を起こし、農を興す

語り
涌井　徹

はしがき

はしがき

この人がいなかったら、秋田県大潟村はどんな変遷をたどり、今頃どうなっていただろうか——。こうべを垂れた稲穂を横目に車を走らせていると、ふと、そんなことを考える瞬間があります。

八郎潟干拓によって59年前に生まれた新生の大地で、国の減反（生産調整）政策にあらがい、「ヤミ米屋」と呼ばれた第4次入植者の涌井徹さん。稲の青刈り指導やヤミ米取り締まりの検問など、幾多の障壁に直面しつつもコメを作り続け、いち早く産直に乗り出しました。さらに無洗米や米粉商品、パックご飯などを販売。タマネギの産地化にも取り組んでいます。1代でこれだけのことをやりきれる人が他にいたでしょうか。

令和5（2023）年4月10日～5月26日の約1カ月半にわたり、秋田魁新報の聞き書き連載「シリーズ時代を語る」で涌井さんの半生をたどりました。取材を思い立ったのは、東京支社に赴任していた頃にお世話になった菅義偉首相（当時）の一言がきっかけです。「涌井さんに、タマネギ栽培に挑戦してもらっているんだ。秋田に帰ったら会ってみてほしい」

涌井さんに連載のオファーを受けてもらい、1回につき2時間ほどの取材を十数回重ねました。国の減反政策に真っ向から対峙《たいじ》した過去があるだけに、取材前は気難しい方ではないかと勝手に想像していましたが、実際はとても気さくで人間味あふれる方でした。時に眼光鋭く日本農業の将来を憂い、時に失敗談を披露して破顔。一つの質問に何十分もノンストップで返答するスタイルは独特で、ほとばしる情熱と抜群の頭の切れに驚かされました。毎回、インタビューを終えると、聞き手の私のエネルギーが全て吸い取られたような気分になったものです。

大潟村には、減反政策を巡って入植者が「順守派」と「反減反派」に割れた過去があります。反減反派の立場を取った涌井さんはかつて「ヤミ米屋」「犯罪者」と再三非難を浴びましたが、取材の中で、順守派の農家を個人攻撃するような発言をしたことは一度もありませんでした。これから村を背負っていく世代に、対立の余波が今も残っているかのような印象を与えたくないと考えたからでしょう。村への強い愛着と農業発展への期待を感じ取りました。

失敗してもめげない忍耐力、新たな事業に挑むフロンティア精神、安全性にとことんこだわる消費者目線の商品づくり。インタビュー記事には、唯一無二の「涌井イズム」が随所にちりばめられています。愚直に前へ突き進み、まだまだ進化が止まらないマグロのような農家のドラマを楽しんでいただけたら幸いです。

令和5年10月

秋田魁新報社社会部長兼論説委員　小松嘉和

目次

本書は秋田魁新報の聞き書き連載「シリーズ時代を語る」（2023年4月10日～5月26日）を一冊にまとめたものです。一部を加筆・修正しました。

（聞き手＝小松嘉和）

大地を起こし、農を興す

■少年時代

次代の農業、この村で

新潟生まれの私が、秋田の八郎潟での干拓事業を知ったのは中学の時です。琵琶湖に次ぐ日本第2の広さの湖を新たな大地に生まれ変わらせる、と教科書に書かれていたんです。世紀の大事業に胸が高鳴りましたね。

生産力や所得の高い「新時代のモデル農村」をつくるのが干拓の目的でした。大規模農業に憧れ、一家で大潟村に入植したのが昭和45（1970）年11月。時を同じくしてコメ余りの時代が来てしまい、国は減反（生産調整）にかじを切りました。

国に従って畑作を試みても、初めの頃は水はけが悪くて野菜が育たず、借金が膨らむだけ。だけど稲作を強行すれば収穫前に刈り取りを強いられる。のっけから窮地に追い込まれたんです。結局、村は減反に応じる「順守派」と応じない「反減反派」に割れ、国主導のモデル農村づくりは頓挫しました。

減反を拒むと農協にコメを取り扱ってもらえません。そこで私は自前のもみ乾燥機を導入し、独自ルートで販売しました。「ヤミ米屋」「犯罪者」と随分ののしられたもんです。個人向けの産直にも取り組みました。

順守派も反減反派も先が見えずに苦悩し、新天地で生き抜くのに必死でした。対立したのは互いに信念を貫き通した結果だと思うんです。今となってはどっちがいいも悪いもない。みんな国の政策に翻弄《ほんろう》された「時代の犠牲者」なんですから。

私の人生の目標は「若者が夢と希望を持てる農業の創造」です。米粉商品開発やパックご飯事

種もみの発芽を確認し、田植えの時期を待つ

業、タマネギ栽培はその一環です。いまだに涌井と聞けばヤミ米を思い起こす方もいるでしょうが、かつての対立を機に始めた産直は国が推奨する6次産業となりました。国主導ではなく、今度は入植者自らの手でモデル農村をつくり上げる。今、その挑戦の真っ最中なんです。

初志貫徹の男になれ

出身地は新潟県中魚沼郡吉田村（現十日町市）高島です。農家の長男として、昭和23（1948）年9月21日に生まれました。「徹」という名前は「初志貫徹する男になれ」と願って親が付けたみたいです。一つ下に妹、五つ下には弟がいます。

生まれつき頭がでかく、親も近所の人もたまげたそうです。心配した親が集落の長老に相談し「頭の大きなやつにばかはいない。大丈夫だ」と諭され、ようやくほっとしたらしいです。

でも困ったことがありましてね。学校に通った時も大人になってからも頭に合うサイズの帽子がなかったんです。端っこに切り込みを入れなきゃかぶれなくて、いつもそれが悩みの種。若い頃にバイクの運転免許を取らなかったのも、ヘルメットが入らなかったからなんです。

おやじの平五郎は20歳で出征し、転戦の末にフィリピンで米軍の捕虜になりました。「終戦間際に（現地司令官の）山下奉文大将の乗った戦車を操縦した」というのが自慢のエピソードでした。復員後、おふくろのミユキと一緒になって家を建て、コメ作りをしたんです。冬場は出稼ぎに出て田をこつこつ買い足し、当初30アールだった田を1・3ヘクタールまで増やしました。

わが家は道路より低い所に立っていて、1階で牛や豚、ヤギ、鶏を飼っていました。2階はちょうど道路と同じくらいの高さで、おふくろがここで理容店を開き、家族を養ってくれていたんです。店の隣が居間で、3階が寝床でした。

村で2番目に早くテレビを買ったので、稲刈り後から春の雪消えまでは毎日、

小学低学年の頃（右）。妹、弟と自宅で

近所の人たちが店に来ましてね。たくあんや野沢菜漬けをつまみながらお茶を飲み、こたつを囲んであれやこれやと談笑していました。今風に言えばサロンですかね。

店は繁盛しておふくろは朝から晩までお客さんに付きっきり。私はほとんど構ってもらえませんでした。でも全然寂しくなかったんです。お客さんが相手をしてくれましたから。

将来の夢は相撲取り

昭和30（1955）年4月、新潟県十日町市の鐙島《あぶしま》小学校に入りました。十日町市は豪雪地の代名詞のような所で、一晩で1㍍近い雪が降るんです。屋根から下ろした雪が積み上がると5～6㍍にもなりました。

1㌔先の学校まで毎日通うのはすごく大変でした。何しろ腰の上まで埋まってしまうもんですから。おやじは見かねて、かんじきで雪を踏んで途中まで道を付けてくれました。その後ろ姿を見ながら通ったんです。

当時はおとなしくて泣き虫でした。「泣きしまにとおる（徹）」とあだ名を付けられたくらいです。これは「泣きながら通る」という意味です。

それでもしょげずに仲間と遊びましたね。裏山に登ってはスキーで滑り降りて。時には木にぶつかったり、ジャンプ台で転んで捻挫したり、水路に落っこちたり。かまくらでは焼いた餅を食べながらトランプをして。小正月行事の鳥追いは夜まで遊べるから楽しくてね、「田んぼの悪さをするスズメはどこから来た　信濃の国から追ってきた」と歌ったもんです。

春はウドやワラビなどの山菜を採り、夏は川でオイカワやフナを捕まえ、秋はクリやキノコを探し、冬はウサギを追う。年がら年中、野山を駆け巡っていました。

もちろん、農家の長男ですから、小学校に通う頃からおやじの農作業も手伝いました。田植えや稲刈りだけじゃなく、冬場は信濃川沿いで開田したもんです。おやじと一緒に汗をかくうち、どんどん

鐙島小学校の校庭で相撲を取る児童＝昭和30年代

たくましくなった気がします。遊びと農作業で鍛えられたからか、いつの間にかおとなしい性分は消えて、悪ふざけをして担任教師を困らせるようなやんちゃ少年に変わっていました。

学校では当時、相撲がはやっていて、昼休みは飽きもせず取っ組み合って対戦を繰り返しました。負けることはめったになかったですね。「将来の夢は相撲取りになることです」と何かに書いた記憶があります。

「鼻取り」に四苦八苦

新潟県の信濃川沿いにわが家の田んぼがありました。トラクターも田植え機もコンバインもない時代ですから、何をするにも人手が要りました。

おふくろは家で理容店をやっていたので、おやじの農作業を手伝うのはいつも長男の私でした。午後3時ごろに小学校から家に帰るとすぐに1キロ離れた田へ向かい、2人一組で黙々と仕事をしたんです。

田起こしや代かきには飼っていた牛を使いました。おやじが牛に引かせた「まんが（馬《ま》鍬《ぐわ》）」を操り、私は「鼻取り」を任されました。鼻取りというのは3メートルほどのさおを鼻先に付けて誘導する役目です。ところが、押しても引いても思う方向に進んでくれません。テンポが合わず四苦八苦しました。蛇行してばかりだから、おやじには「違う。そっちじゃねえ」とよくしかられたもんです。

稲刈りも村の人の助けを借りながら手作業でやりました。稲を1株ずつ鎌で刈り、束にくくってから「はさがけ」をするという地道な作業です。まだ小さかった私は自分で束をかけられず、高い所にいるおやじに竹棒を使って渡していました。

稲が乾く前に台風が来たら最悪です。やっとの思いで稲をかけたのに、はさ木が折れて倒れてしまいますから。あれには子どもながらに心底がっかりしたもんです。次の日にまた一からやり直し。労力と時間をどれほど無駄にしたことか。

もっとつらかったのは大雨で信濃川が氾濫した時でした。田が泥水に漬かって稲の束が流れ

牛の鼻取りによる代かき＝昭和30年代、鹿角市で故富樫正一さん撮影

てしまうんです。何日か後にようやく水が引いて稲を見つけ出しても、全て泥まみれ。もみからは芽が出てしまってね。もう言葉が出なかったです。

乾いた稲は牛の背に積んで家まで運びます。高低差が50メートルある道のりを一日に何度も往復しましたね。もちろん私も稲を背負うわけだから、夕方になるともうヘトヘト。おやじが坂道の途中で待っていて、私の分も背負ってくれたものでした。

信濃川の河原で開田

大雨のたび新潟の信濃川の水はあふれました。やがて堤防が築かれ、その内側の土地が新たな田んぼになりました。

私が小学生の頃、おやじは土地改良区の理事だったので、田んぼを農家に配分する役割を担っていたんです。ところが田んぼとは名ばかりで、石ころだらけの河原そのもの。当初はみんな「あんな土地は要らない」と言っていましたが、少しずつ希望者が現れ、最終的には予定通り配分されました。

開田には難儀しました。砂利に覆われた硬い土地に棒で穴を開け、苗を1本ずつ植えたんです。そのままではコメの収量が増えないので、土を入れないといけません。おやじと私は冬に土運びを始めました。

家から3キロ離れた畑へ行き、1メートルほど積もった雪の下から土を掘り出してそりに積む。おやじがそりを引き、私が押す。200メートル先の河原で土をまく。昼は冷えた硬いおにぎりにかじりつき、またせっせと土を運ぶ。ひたすらこの繰り返し。農家の執念としか言いようがない。そうやって砂利の河原を美田に変えていったんです。夏は朝から晩まで草むしり。腕が痛んで眠れない夜もありました。

腕ばかりでなく、手も痛みました。ヤギの乳搾りをするのが私の日課だったからです。

飼い始めたのは私が生まれた時です。産後のおふくろは乳の出が悪く、おやじが2千円でヤギを買ってきて乳を搾って私に飲ませたそうです。育

働き者だったおやじ（右）とおふくろ（左）＝昭和45年

てくれた恩返しにと、私は朝露にぬれた草を刈り、小さな背中いっぱいに背負って山道を駆け下り、ヤギに与えました。それを食べている間に乳搾りをしたんですが、まだ握力が弱いから一気には搾りきれないんです。手が痛くなって大変でした。

春、赤ちゃんヤギが生まれます。大きくなって乳が出始めると、それまで世話した親ヤギは家族で食べてしまいます。皮も乾かして売るんです。残酷なようですが、当時はどこの家もそうやって暮らしていました。

進路を左右した親指

昭和36（１９６１）年4月、新潟県十日町市の吉田中学校に入りました。高度成長で日本が活気づき、39年の東京オリンピックへ突き進む時代でした。社会の教科書では、秋田で進行中だった八郎潟干拓事業が紹介されていました。世の中の激動ぶりを肌で感じたものです。

学校では、歌うのが全然駄目なのになぜか応援団員にされ、運動神経がいいわけでもないのにバスケットボール部に入ったんです。身長１６５センチでしたが部員の中では一番背が高く、１８０センチ超が何人もいる他校とは大違い。卒業まで一度も試合で勝ったことがなかったですね。

同じ学年の生徒は１００人ぐらいでした。卒業後に高校に進んだのは3割弱で、7～8

割は都会へ集団就職に出たんです。ちょうど中学を出た年に「あゝ上野駅」がヒットしましたから、まさに「金の卵」ともてはやされた頃です。

私は十日町高校へ進学し、応援団と演劇部に入りました。高校までは7キロあったので、バスで通ったんです。大雪でバスが運休になったり遅れたりした時は1時間半かけて歩きます。ある時、バスが来なくてスキーを担いで歩いて学校に行ったら、入り口で「なぜ遅れた」と教頭にこっぴどく叱られました。

不思議なことに汽車通学の生徒は運休や遅れで学校に遅れても遅刻にならない。遅刻と見なされるのはバス通学者だけ。不公平だと感じ、生徒総会で問題提起しました。納得のいかないことは放置しておけない性分だったんです。

結果的に、バス通学者もバス会社の事情

中学3年の頃、バスケ部の仲間と（後列中央）

で遅れた場合は遅刻とは見なされなくなりました。

高校が終わる頃、おふくろがやっていた理容師を継ごうかと考え、親に相談しました。でもすぐに撤回したんです。髪を切るはさみを持ってみたら親指が太すぎて穴に入らなかったもんですから。「これじゃ仕事にならん」と悟りました。指が人並みに細かったら大潟村には来ていなかったでしょうね。

■新生の大地へ

出稼ぎ、続けるか否か

指が太くてはさみの穴に入らず、理容師になるのを諦めた私は、おやじの後を継いでコメ農家になると決めました。

少しは専門的なことを学んだ方がいいと思い、昭和42（1967）年4月に新潟県農業教育センターに入りました。稲、園芸、養豚、養鶏、牛の5コースの中から稲を選び、1年間研修を受けたんです。教室で簿記や農機のことを学び、実習田で種まきから稲刈りまでの作業を体験しながら覚えました。

種まき時期を早める方法を教わったので、センターを卒業してすぐに試してみました。1坪に1合ずつ丁寧に種もみをまいて育苗したんです。ところが気象条件が合わなかったのか、発芽具合が悪くて失敗。苗が足りなくなり、センターから分けてもらいました。

次の年は、導入したばかりの田植え機で苦心惨憺《さんたん》の末に苗を何とか植えたんですが、気温の低い日が続いてほとんどの苗が枯れてしまいました。こんな失敗を繰り返しながら技術と知識を積み重ね、収量を増やしていったんです。

冬はかつておやじがやったように、私も出稼ぎをしました。

1回目は20歳の時です。相模原市の河川工事で汗水流して働き、もらえるお金は1日たったの2500円でした。あの頃、東京都府中市で3億円強奪事件が起き、検問中の警察にトラックの停止を求められたことがあります。荷台に他の作業員を乗せていたので、妙に怪し

19歳の頃、新潟県農業教育センターで（左から2人目）

まれて肝を冷やした記憶があります。

2回目は横浜市で下水道工事、3回目は千葉県君津市でトンネル工事をやりました。

わが家の田んぼを増やせば出稼ぎをせず一家を養えたでしょうが、切り開いて耕地にできる場所は家の周りにはもうなかったんです。ほかの人が農業をやめて田を手放すのを待っていてもいつになるか分からない。

農家は農閑期に高度成長の労働力の足し前になる生活を未来永劫《えいごう》続けなくちゃならないのか——。そう自問自答しました。

新生の大地に夢託す

高校を出て新潟県農業教育センターで稲作を学んでいた昭和42（１９６７）年、「干拓で誕生した秋田の大潟村への入植が始まった」と新聞やテレビで報じられました。私は高校時代から「新生の大地」に興味を持っていたんです。農業をやるなら作付面積を広げたいという思いがありましたからね。

当時のわが家の田んぼは１・３㌶でした。取れるコメは１２０俵。１俵（60㌔）当たり８千円前後だったので、どんなに頑張っても年間１００万円に届かなかったんです。しかも十日町市にはもう開田できる土地がない。田を増やすのは無理ってことです。出稼ぎをせずコメ作りだけで生計を立てるのは到底かなわぬ夢だったわけです。

知り合いの県議会議員に相談したら「これから減反（生産調整）が始まるから、開田しても補助金は付かなくなる。もっと田を広げたいなら秋田の大潟村に行ったらどうだ」と言われました。村に入植したら10㌶の田が配分されるというじゃないですか。5㌶あればコメ一本で食っていけると言われた時代にですよ。田が一気に8倍に広がる千載一遇のチャンスだと思いました。

かなわぬ夢をかなえる唯一の選択肢だと確信し、家族に「入植したい」と打ち明けました。おやじもコメの収量を増やすのに限界を感じていたので、新たな一歩を踏み出すことに賛同してくれました。おふくろは遠い地へ移り住むのに難色を示したんですが、最後は了解してくれました。

うちの田はおやじと私の努力の

新潟県農業教育センターで田植え機を操作＝昭和42年

結晶でした。信濃川沿いの砂利だらけの土地にせっせと土を運び入れ、十数年かけて造った美田ですから。だけど、手放すことにためらいはありませんでした。減反の波が押し寄せていたので、入植を決断するなら最後のタイミングだと思ったんです。無謀と言えば無謀。だけど1・3㌶より10㌶の方が絶対にいい。「減反になったらなったで、やり方を変えるだけだ」と覚悟を決めたんです。

「結婚希望書」が奏功

大潟村への入植手続きを知るため、昭和44（1969）年に東京・霞が関の農林省（現農林水産省）に出向きました。出稼ぎ中の青年がなりふり構わず1人でやってきたのを見て担当者はふびんに思ったのか、すぐに窓口となる北陸農政局（金沢市）に取り次いでくれました。私はその日のうちに夜行列車に飛び乗って金沢へ向かったんです。

翌日、農政局で詳しく話を聞くと、入植には幾つか条件があると分かりました。年齢が20歳以上40歳未満であること、入植前に1年間訓練を受けること、などです。どれもクリアできたんですが、一つだけどうにもならない条件がありました。

労働力が1・8以上（男性1・0、女性0・8）あること、という項目です。夫婦での入植を想定して設定されていたわけですが、私は未婚でした。結婚がまだでも婚約証明があればいいとのことでしたが、その相手もいません。悩んでいると、農政局の方が「結婚希望書を出せばいい」と言い出したんです。

窮地を切り抜けるすべも妙案もない私は、言われるがまま、「入植の暁には、大潟村長を媒酌人とし、地元の女性と結婚することを希望します」としたためて提出しました。こんなことをしたのは、入植者で私一人じゃないかな。

一通り入植の申請手続きを済ませ、新潟県庁で筆記試験に臨んだのは、44年の田植え後でした。地図で示した場所や国内の特産品などを問う一般常識の設問が20前後あったように思います。ほとんどの問題を解けたんじゃないでしょうか。

20歳の頃、新潟県十日町市の田んぼで

その年の7月下旬に北陸農政局で面接試験がありましてね。面接官は「君は結婚希望書を出したんだね」と念押しで尋ねてきました。「そうです」と答えたら「そっか。それはよかった。秋田美人と結婚したらいいよ」と言われ、面接はあっという間に終了。程なく第4次入植の合格通知が届きました。

結婚希望書の効果が抜群だったのは言うまでもありません。

大潟村？「んだんだ」

入植の面接試験を受ける前、「一度この目で干拓地を見ておきたい」と思い立ち、昭和44（1969）年7月上旬に大潟村を訪れました。両親、弟、いとこも一緒でした。ところが朝からトラブル続きで大変だったんです。出発前の戸締まり中におやじが階段から足を踏み外して捻挫し、出発後には車が砂利道のくぼみに落ちてオイル漏れが発生。オイルをつぎ足しながらの長旅でした。

やっとの思いで秋田にたどり着いたのは午後4時ごろ。男鹿市の寒風山から干拓地を眺めた後、大潟村へ向かいました。途中で道端を歩いている人に「大潟村はあっちですか」と尋ねたら「んだんだ」と聞き慣れない方言が返ってきましてね。秋田に来たんだなと実感しつつ、言葉の響きが妙におかしくて車中で笑い合った記憶があります。

村に入ったら稲の太さと株の大きさに目を奪われました。湖底だったから土壌の栄養分が豊富なんだなと思いましたね。見渡す限り、青々とした広大な大地を見て「ここなら大規模営農ができる」と興奮し、入植を決めて正解だと確信したんです。

倍率2・7倍の入植試験に無事合格した後、44年11月から1年間、大潟村の入植指導訓練所に入りました。訓練所は現在の県立大アグリイノベーション教育研究センター付近にあったんです。確か5階建てで、1～4人部屋でした。4次入植の143人はここで集団生活をしながら相性のいい仲間を見つけ、村での農作業を学んだんです。

入所後に麦まきや田んぼの

男鹿市の寒風山から大潟村を望む＝昭和44年7月

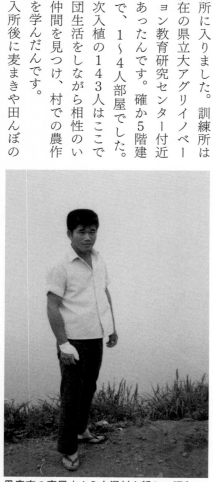

溝掘り、春になると苗作りなんかを体験します。座学でも稲の作り方を学び、トラクターを運転するための免許も取得するんです。何もない時は、新潟出身の先輩入植者の田んぼへ行って田植えや稲刈りを手伝い、夜は一杯ご馳走になりながら、ヘドロの土質で稲作をするためのポイントを教えてもらったんです。

私が入所中に、新潟にいる家族は屋敷や農地を売り払う手続きを進めていました。

入植の翌月に結婚式

昭和45（1970）年10月下旬、大潟村の入植指導訓練所の修了式がありました。私は故郷の風景を目に焼き付けようと、いったん新潟の十日町市に帰り、幼い頃に駆け回った野山を見て回りました。

市の公民館で11月1日に送別会が開かれ、50～60人が駆け付けてくれました。地域に伝わる民謡を歌う人、思い出話にふける人、涙を流す人。みんなの顔を脳裏に刻みながら夜が更けるのを忘れて語り合ったんです。

この時、私はサプライズで婚約相手とご両親を連れて行き、みんなの前で紹介しました。相手は大潟村1次入植者の妹で、鳥海村（現由利本荘市）出身の鈴木アヤ子。私が訓練所にいた頃、2次入植者の仲介で知り合ったんです。「色白の秋田美人を連れて来たな」ともてはやされ、照れくさかったですね。

5日後、私たち一家はトラック2台と乗用車に乗り、多くの人に見送られながら十日町市をたちました。鉄橋の下をくぐる時に橋桁に積み荷のテレビがぶつかって壊れるトラブルもあったんですが、何とか翌朝に大潟村に到着しました。この時は吹雪でホワイトアウトになり、みんなでぶるぶると凍えました。

入植者のために建てられた黄色の三角屋根の家に入ると、キンキンに冷えていて「秋田の冬はこんなに寒いのか」と言いながら、ストーブの周りにみんなで集まって肩を寄せ合ったんです。この日からおやじとおふくろ、そしてアヤ子と私の4人での暮らしが始まりました。一つ下の妹は理容師になって結婚し、新潟に残ったんです。五つ下の弟も高校2年生だったので、同級生

東京・伊豆大島へ新婚旅行＝昭和45年12月

の家に下宿しました。

引っ越しから1カ月後の12月5日、アヤ子と結婚式を挙げました。入植者は大概、村の公民館で挙式をしますが、この日は先約が入っていて使えなかったので、私たちは若美町（現男鹿市）の料亭で披露宴をしたんです。私が当時22歳、妻は24歳。出会ってからわずか3カ月のスピード婚でした。

■コメ余りの時代

人手を求め東奔西走

昭和39（1964）年の東京五輪が終わった頃から、食の多様化が進んでコメ余りの時代に入りました。国は戦後にコメ増産に取り組んできたんですが、一転して44年に減反（生産調整）を決めます。私たち一家が大潟村に4次入植したのはその翌年だったんです。

〈入植は42年の1次から45年の4次まで毎年続いたが、コメ余りを受けて4年間中断。49年の5次が最後となった。1～5次で計2463人が応募、うち580人が入植した〉

後で聞いた話ですが、われわれ4次入植者は「補償金を払って出身地に戻す」ということが一時検討されたそうです。でも既に家や田畑を全て売り払っていた私たちに、帰る場所などありません。ギリギリのところで村に踏みとどまったわけです。

46年春、いよいよ営農が始まりました。当時は苗を手植えしていたので、まずは田植えを手伝ってくれる人を探さなきゃいけません。別の入植者と共同で田植えをすることになり、20㌶分の人手を確保する必要がありました。1日30人で10日かかると想定し、延べ300人。うち200人を田植えに、残る100人を苗取りに振り向けることにしたんです。苗取りというのは苗床から苗を取って束ね、田植えの準備をする仕事ですね。

人探しには難儀しました。村に近い若美町（現男鹿市）や八郎潟町、八竜町（現三種町）などは先輩たちが押さえていたもんですから、私は男鹿市や五城目町、秋田市、能代市など遠い所で探すしかない。しかも知人はゼロ。連日、農道を車で走って田仕事をしている人を見つけては「田植えを手伝ってほしい」と懇願して回ったわけです。

手植えは人手を要した＝昭和44年、故川辺信康さん撮影

何とか必要人数をかき集め、大型バス2台で村に来てもらいました。日当700円でおやつ付きでしたが、高齢で歩けない人がいたり、作業を途中でやめてしまう人がいたり、手間賃を上げてくれと求められたりと、予想外のことだらけでした。社会勉強をいっぱいしました。

田に沈み、カメになる

大潟村の田んぼ1区画（約1・25ヘクタール）は長さ140メートル、幅90メートルもあるので、平らにするのは簡単ではありません。風で片側に水が寄った状態で代かきをすると30センチも高低差がついてしまうので、無風の日を選ばなきゃならないんです。平らになるまで10年ぐらいはかかります。

昭和45（1970）年に入植し、翌年に営農を始めて間もない頃、田んぼは土の乾燥がまばらなため表層の10センチ程度が硬いだけで、その下はヘドロ状でした。重さ2トン近いトラクターで土をならすうち、軟質の土にはまって身動きが取れなくなることがよくあったんです。もがけばもがくほど〝底無し沼〟に沈み込んでいく。村ではこの状態を「カメ」と言いました。

トラクターが煙突だけを残して泥の中に埋まったこともあります。私自身も腰まで沈み、死にそうな目に遭いました。コンバインで稲刈り中にカメになり、ブルドーザー4台で引き上げたことも。当初は他の入植者と農業機械を共同利用していたので、何日も上がらないと食事が喉を通らなくなったもんです。

営農3年目から苗作りを外部に委託するのをやめ、紙筒に土を詰めて自分で苗を作る「ポット育苗」に取り組みました。委託の経費と苗取りの人手が要らなくなるので、収入が少しは安定すると思ったんです。

冬場に培養土を乾かそうと、田にビニールハウスを建てました。風で飛ばされないよう風よけ

ヘドロ状の土壌で身動きが取れなくなったコンバイン＝昭和42年10月

ネットも張ったんです。これが誤算でした。吹雪の後に見回りに行ったら、周りの田には雪がないのにハウスにだけ雪が積もっていたんです。風よけが吹きだまりを作ったわけです。それから毎日、雪を取り除く地獄の闘いが始まりました。

3カ月格闘したんですが、ハウスは見る影もなくつぶれました。それでも、中で栽培を試みたサンガツナ（とう菜の一種）が伸びていました。故郷の新潟県十日町市の特産です。丁寧に摘んで出荷したら1束20円しか値が付かず、再び放心しました。

もち米、畑作か稲作か

コメ余りで大潟村でも昭和45（1970）年から減反（生産調整）が始まりました。入植者はコメ増産のため試験で選抜され、1年間の訓練まで受けたのに国から「コメを作るな」と宣告されたわけです。

麦や大豆を作付けしてみたものの、湖を干拓したばかりの農地は水はけが悪くて全く駄目。転作奨励金で経費は回収できましたが、3年、4年と時間がたっても消費者のコメ離れは加速するばかりで、減反が終わる気配はありませんでした。

ただ村には手付かずの農地が5千㌶あったので、国は49年に最終の5次入植者の募集に踏み切ったんです。とはいえ、国としてはコメの作付けを増やしたくありません。そこで1～4次の入植者に5㌶ずつ「畑作地」として追加配分すると提案してきたんです。応じれば私たちの農地は10㌶から15㌶に増えます。ただし、2・5㌶分の水田耕作権を5次入植者に譲渡するという条件が付いていました。

そうすると、追加配分の5㌶と水田耕作権を手放す2・5㌶が畑作地に切り替わります。つまり、全農地の半分を畑にしなきゃいけないことになり、追加配分前より2・5㌶も田んぼが減ってしまうんです。承服しがたい内容でした。でも「減反は緊急避難の政策だから2、3年すればコメが作れるようになる」との説明だったので、仕方なく受け入れました。

ところが畑作地には転作奨励金が交付されず、土壌も畑作向けには改良されていません。これでは経営が立ち行かなくなると国も分

国が対応を一変。農林省の関係者がもち米の面積を確認した＝昭和50年8月

かっていたので、救済措置として「畑作扱いのまま2・5㌶まではもち米を植えてもいい」ということになったんです。

それなのに、田植えが終わって稲が育ち始めた頃になって「もち米栽培も稲作であり、畑作とは認めない」と国が対応を一変させたんです。到底納得できず、猛反発しました。国や県との協議は1カ月以上も続きました。私は仲間と反対運動をするための組織を作りました。

娘が覚えた「アオタリ」

いったん畑作扱いにしたもち米栽培を稲作扱いに変更した国は、大潟村の入植者に直ちに過剰作付けの稲を刈るよう迫りました。いわゆる「青刈り」です。

この政策転換があったのは昭和50（1975）年。私は仲間と活動団体を作って広報車で「青刈り反対」を訴え始めました。一方で、行政側も広報車で「コメの過剰作付けはいけません」と呼びかけたんです。選挙戦さながらに、村内に双方の主張がこだましました。

わが家では47年5月に長女、翌年5月に長男が生まれ、長女は3歳になっていました。よく口にした言葉は「アオタリ」でした。広報車で連呼した「青刈り反対」が影響したようです。

日がたつにつれ、国にあらがいきれなくなった仲間が次々に青刈りに応じるようになりました。入植者は農地の配分を受ける際、「国の方針に違反したら農地の買い戻しを受ける」という契約を結んでいたので、農地没収のリスクにおびえる立場に置かれていたんです。

8月下旬になっても青刈りに従わずにいたのは、私を含め活動団体の役員だけでした。おやじも農地を失うのを心配し、抵抗を続けるのが難しい状況に追い込まれました。私たちは最終的に、育てた稲を自分で刈り倒す苦渋の決断をしたんです。初めての青刈り騒動で得たものは何もなく、全面敗北でした。

国の政策に従えば、農地15㌶のうち水田にできるのは半分の7・5㌶まで。残りは畑にしなければならない。だけど麦やカボチャ、メロン、ニンニク

乗り物で遊ぶ長男（右）と長女

など何を作っても全然うまくいかない。残ったのは畑作用機械の購入や土地改良で生じた借金ばかり。転作奨励金も付かず、これでは営農を続けられません。

国も窮状を理解したのか、51年1月に稲作上限を8・6㌶とする方針を打ち出しました。ただ、上限を超えれば農地を買収すると告げてきました。作付面積は1・1㌶増えたわけですが、苦しい生活から抜け出せない状況は変わりませんでした。

収穫前、無念の青刈り

減反（生産調整）政策で始まった畑作はうまくいかず、大潟村の入植者は苦しい状況に追い詰められていきました。先行きに不安を抱える多くの農家の思いをくみ、村議会は減反開始から9年目の昭和53（1978）年、全村でコメの作付面積を広げることを決議しました。

決議に基づき面積を拡大して田植えを決行したら、国や県は過剰なほどの反応を示しました。連日、100人前後の職員が入植者の元を訪ね「上限を超えて作付けした稲は刈り取ってもらう。応じなければ田を買い戻す」と迫ったんです。青刈りをさせるための説得でしたが、実際は強制のようなものでした。

収穫期が近づくと圧力はますます強まり、農地買い戻しの警告書が度々届きました。農家は対策委員会をつくって必死に抵抗しましたが、いったん青刈りをする人が出始めると動揺が広がり、別の農家も「田んぼを取られまい」と稲を刈るようになります。連鎖反応は止まらず、最後は全員が青刈りに応じざるを得なくなりました。

わが家の青刈り面積は6・4㌶でした。収穫を1週間後に控えていたんですが、わが子のように育てた稲をコンバインでやむなく細断しました。全て刈るのに3日かかったんです。黄金に色づいた稲穂が切り刻まれて無残に散るのを見るにつけ、「何でこんなことに…」とたまらない気持ちになりました。

あぜの上では、おやじが何も言わずじっと見ていました。新潟の砂利だらけの土地にせっせと土を

大潟村での青刈り＝昭和57年

運び、一粒でも多くコメを収穫しようと心血を注いできた男です。「入植後にこんな悔しい思いをするなんて」と私以上に心がかき乱されていたに違いありません。おふくろと妻は涙で顔がぐしゃぐしゃでした。

この年の青刈りは村全体で２千㌶に及び、入植者と家族は心に忘れようのない深い傷を負いました。私も挫折と焦燥感に打ちひしがれ、「もう二度とこんな経験はしたくない」との思いを強くしました。

畑作はもうこりごり

コメの作付け拡大をいくら訴えても最後は青刈りに従わざるを得ない。かと言って、この先もずっと青刈りを続けるなんてことはできない。局面打開を図るべく、私は農政学者や経済人を講師に招き、これからの農業をどうすべきかを考える勉強会を企画しました。大潟村の入植者の間には減反（生産調整）への対応を巡り、溝が生じてしまいました。でも広く参加を呼びかけると、立場の違いを超えて150人以上が集まったんです。回を重ね、一つの考えにたどり着きました。「今後は転作奨励金を当てにせず、自主自立の農業経営を目指さねばならない」ということです。

早速、昭和54（1979）年に仲間と新営農組合を起こし、2・5㌶のハウス園芸団地を造りました。50㍍ハウスを80棟建ててメロンを栽培したんです。当時は東北で最大規模。

併せて25㌃でカボチャを育てました。

　メロンの芽は摘んでも摘んでも伸びてくるし、毎日朝夕に2時間かけてハウスの開閉をしなくちゃならないので、とにかく大変でした。でも苦労が報われ、お盆前に収穫すると高い値段で買い取ってもらえたんです。「これならいける」と思ったら、また苦難に直面しました。収穫途中に台風が襲来したんです。ハウスのビニールは剝がれるわ、パイプは抜けるわ。カボチャも全滅。爆撃を受けたような畑でぼうぜんと立ちすくみました。

　めげてばかりいられないと、翌年からはホウレンソウやナス、ピーマンの栽培に挑んだんです。だけど値段が想像以上に安くてがっくり。ホウレンソウは無農薬栽培だったんですが、「アブラムシやア

台風で壊滅的な被害を受けたビニールハウス＝昭和54年

オムシがいた」とクレームが入り、始末書を書かされる羽目に。散々でした。

3年目の夏には長雨にも見舞われ、収穫期のホウレンソウが水没。3日後に水が引いた畑で腐ったホウレンソウを布団にしてコイが何匹も横たわっていました。「畑作はもうこりごりだ」と思い、翌日にほとんどのハウスのパイプを抜きました。

■「闘い」の中で

抜かれた伝家の宝刀

昭和57（1982）年の年明け早々、大潟村内に衝撃が走りました。国の認めるコメの作付面積を守らないことを理由に、国が入植者1人の農地を買い戻すと通知したんです。翌年も別の入植者に通知が届きました。簡単に言うと農地没収です。ついに国が〝伝家の宝刀〟を抜いたわけです。「過剰作付けすればこうなるぞ」という見せしめだと受け止めました。

翌年7月、入植者200人が秋田地裁に農事調停を申し立てました。配分された1人15㌶の農地全てにコメを植える権利があると認めてもらうのが目的でした。59年には92人が加わり、入植者の半数に達したんです。

〈（農地の買い戻し通知を受けた）入植者2人の裁判、年々悪化する農家経済、稲作上限

8・6㌶（の設定）を続ける農政…。このような閉塞《へいそく》感を打破しようと入植者の多数が行動を起こした（大潟村史より）〉

調停が始まって早々に、われわれの弁護士が国の稲作上限について問いただし、法的根拠がないとの解釈が広まりました。これに呼応してか、青刈りや是正指導に応じない農家は58年に16人、59年に73人と増えていったんです。こう人数が増えては、さすがに国も農地没収を容易には進められません。

1年半近くに及んだ調停は計11回を数え、不調に終わりました。ただ、60年春にはコメの作付けを10㌶まで広げることが認められました。稲作上限を動かしたのは紛れもなく調停の成果であ

調停が不調に終わり、県庁で記者会見する入植者側代理人ら＝昭和59年11月

り、農家が声を上げたからでしょう。この年、10㌶を超える作付けをした農家は168人に上りました。翌年からは行政の是正指導も、もう行われなくなりました。

私たちを率いてくれたのは、高知から入植して村農協の初代組合長を務めた松本茂さん（故人）でした。58年に難病の筋萎縮性側索硬化症（ＡＬＳ）を発症し、立つこともままならない中、コメを作る「自由」や農家の「自主自立」を訴えて奔走した気骨のあるリーダーでした。

7カ所でヤミ米検問

農事調停を経て、昭和60（1985）年春に稲作上限が10㌶に拡大されたんですが、これを超える作付けをした農家は大潟村内で168人いました。私もその1人です。

この何年か前、私は中古の乾燥機を買い、収穫後のもみの乾燥を始めました。同じことをする仲間と互助会のようなグループをつくり、独自ルートで玄米の販売にも乗り出したんです。私たちは「自由米」として売ったんですが、農協を通さないものは不正規流通米という扱いで、「ヤミ米」と呼ばれました。

県は過剰作付けのコメを出回らせるわけにはいかないと、時代錯誤の手段で販売を阻止しようとしました。収穫期を迎えた60年10月、食糧事務所や県警と協力して村外に通じる道路で24時間体制の検問を敷いたんです。車を停止させ、積み荷をチェックする様子が新聞やテレビで連日報じられました。

不思議なことに、止められる車はタクシーや冷凍車などが多く、トラックは重点的に調べていない感じでした。もしコメが見つかれば、政府米として買い取らなきゃいけないので止めるに止められなかったのでしょう。実際、私たちは検問中もトラックで村外にコメを運びましたから。要するに検問はコメ発見が目的ではなく、「ヤミ米派になるなよ」と警告するのが狙いだったわけです。われわれは「犯罪者」「金に目がくらんだ連中」と非難され、子どもまで「ヤミ米」とさげすまれました。

かつて農事調停を申し立てた入植者たちは検問撤去を求めて質問書を県に出しました。これが奏功したのか、村内7カ所にあった検問所は、そのわ

検問でトラックに停止を求める五城目署員＝昭和60年10月

ずか2日後に全て撤去されたんです。検問を延長するための予算が県議会で可決された直後のことでした。

〈県は「相応の成果があった」と撤去理由を説明したが、真相は、目に見える効果が上がらなかったことや世論の批判が高まったことなどが原因のようだ（大潟村史より）〉

80日で検問は終わりました。

国との闘いに終止符

大潟村で稲作上限を超える作付けをした入植者が全体の3割まで増え、県は〝反逆者つぶし〟に躍起となりました。24時間体制のヤミ米検問に続き、今度は無許可でコメを販売したとして食糧管理法違反で入植者3人を県警に告発したんです。

減反（生産調整）、青刈り、土地買い戻し、検問、そして今度は告発。行政がここまで執拗《しつよう》に強権を発動するなんて。村は古い慣習に左右されない自由で自立したモデル農業を実践する場だったはずなんですが。理念が消えたみたいで、すごく失望しました。

〈県警は昭和60（1985）年12月、告発を受けて3人を摘発。コメ余り時代の食管法の意義を問う事件として全国的な注目を集めた〉

摘発された3人は自由米販売のリーダー的な入植者で、私は売り先の確保や運送トラックの手配などでいつもやりとりしていました。そんなこともあって、私も捜査当局の聴取を受けたんです。五城目署の2階にある取調室に2度呼ばれたんですが、担当の若い警官は「行政の指導に従わないのが悪い」の一点張り。減反の経緯やコメ流通の仕組みをよく知らないまま事情を聴いている感じでした。

県警本部では私たちと取引していた米穀卸業者が何人か聴取されました。終わったら向かいの宿泊施設に来てもらい、警官とやりとりした内容を聞き取って関係者で共有したんです。次の取り調べに備えたわけです。

3人が送検された後、私は秋

自由米販売を巡り不起訴処分で揺れた大潟村＝昭和60年代

田地検でも聴取を受けました。意外にも警察とは全然違う印象。食管法が時代に合うかどうかの観点も持ち合わせていて、私たちの立場を理解してくれていると感じたんです。

すったもんだの末、3人は63年1月に不起訴となりました。3人による自由米の販売は「卸売りには当たらない」と判断されたんです。国と自由米派の闘いに終止符が打たれた瞬間でした。これでついに、農家が自由にコメを作って売ることが認められたと受け止めました。

コメ産直で農業維新

大潟村でのヤミ米検問廃止とヤミ米事件の不起訴処分は、コメを作る自由と売る自由を農家が手にしたことを意味するものでした。これからが本番だ、とスイッチが入りました。

就農以来、追い求めてきたのは自主自立の農業経営。実現には自分で作ったコメを自分で売る仕組みが必要でした。つまり独自の販売ルートを持つということです。39歳になったばかりの昭和62（1987）年10月、私は思いを同じくする仲間と共に「大潟村あきたこまち生産者協会」を設立しました。経済活動によって新しい時代の農業を創ろうと考えたんです。

モデルにしたのは、幕末の志士、坂本龍馬が29歳の時に長崎に設立した商社「亀山社中」

（後の海援隊）です。力のない浪人たちを率いて貿易業を手がけ、日本を変えるような影響力をつける。そんな龍馬の生き方に心底ほれ込んでいました。

生産者協会が独自の売り先を開拓する上で、最も重要なのは消費者と顔の見える関係を築くことだと思いました。従来通り米穀卸に玄米を売ってばかりいても、消費者がおいしく味わってくれているかどうか分かりません。不満を持たれていたとしても、それをくみ取って改善するすべもない。顧客のニーズを把握し、サービスを充実させ、顧客満足度を上げるには、生産者が消費者と直接つながる必要があると考えたんです。

協会設立の前から何度も仲間と話し合い、その手法を検討しました。その結果、玄米を精米し、消費者に白米を直送しようという結論に至りました。

創業当時の米袋

当時はまだ珍しかった個人向け産直を試みることにしたんです。

といっても何のノウハウもありません。何㌔詰めにすればいいのか、いくらで売ればいいのか、どんな袋に詰めればいいのか…。意気込みはあれど、分からないことだらけ。それでも、前途多難となることを承知の上で中古の業務用精米機と手動式の包装機を購入し、農機具の格納庫に備え付けました。

終日、電話鳴りやまず

コメの産直をやると決めたのは、コメ屋への玄米出荷だけでは自由化時代を生き抜けないという危機感があったからです。

白米の販売価格は送料込み（東京着）で10キロ入り5400円に設定しました。ただ、どうやって売り先を見いだすかという最大の課題が残っていました。まずは消費者に産直に挑む農家の存在を知ってもらわなければ話になりません。そこで、青刈り騒動の頃から付き合いのあったマスコミに相談しました。

初出荷を前にした昭和62（1987）年7月、全国の地方紙に記事を配信する共同通信の記者が農家発の新たな試みとして産直を取材してくれました。

私は「青刈りを乗り越え、農家が自主自立の道を切り開いていくため産直に挑む。若者が夢と希望を持てる農業を創りたい」と訴えたんです。1カ月ほどたつと、記事を読んだ全国各地の読者から注文が入るようになりました。宣伝にお金をかけずとも消費者とつながりを持つことができたわけです。

全国紙や全国ネットの民放にも取り上げられ、1カ月で400件ほどの注文が舞い込みました。全部、妻が自宅で受け付けていたんですが、朝6時から電話が鳴りっ放しで、食事の時間もないくらいでした。夜にテレビ放映があると、日付が変わる時間帯になっても電話がかかってくるんです。反響の大きさに腰を抜かしましたね。

古いコメを使って機械の試運転をしたり、新米の試食を繰り返したりして準備を整え、10月にようやく初出荷を迎えました。われわれのコメは都会の消費者に受け

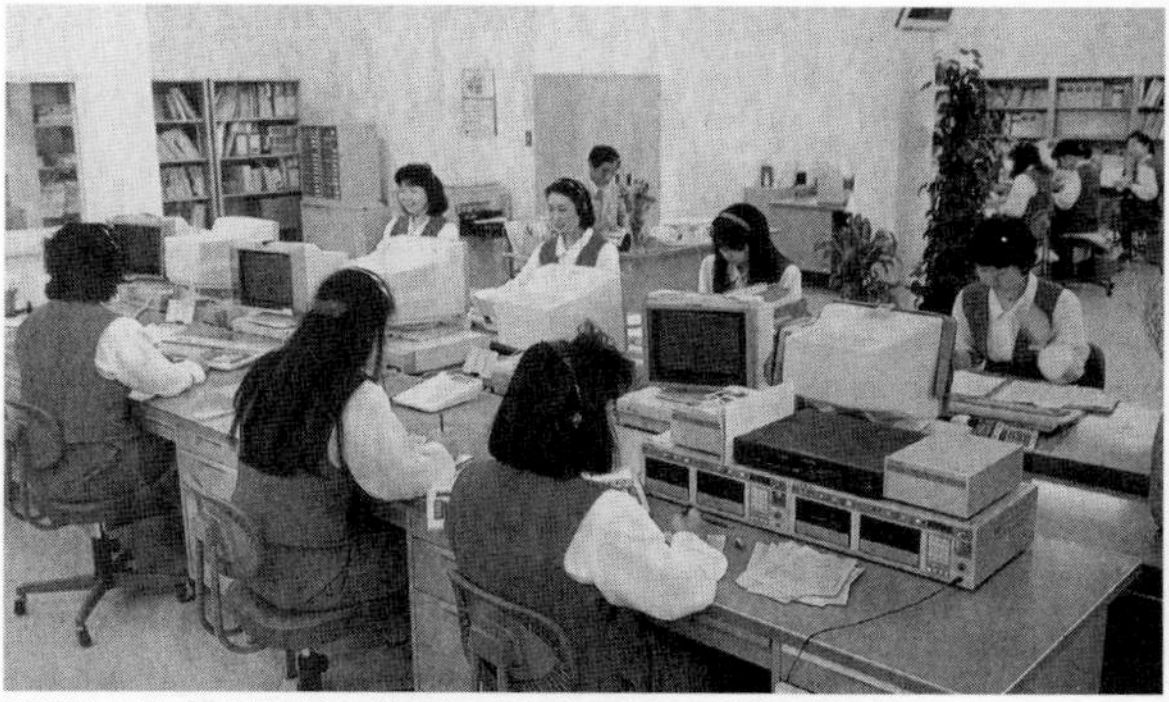

電話で注文を受ける社員＝平成5(1993)年ごろ

入れられるのか―。期待と不安の入り交じった何とも言えない気持ちで、宅配業者の車を送り出しました。

その後も新聞やテレビには月2回ほど出たので、産直が全国に知れ渡り、売れ行きは順調でした。精米スペースが手狭になると思い、年明け後に新工場の建設にも取りかかったんです。事業は軌道に乗る、という確信めいた手応えがありました。

まさかの宅配便停止

ヤミ米事件で摘発された入植者3人が昭和63（1988）年1月に不起訴処分になり、大潟村では自由米の出荷拡大に拍車がかかりました。

この処分が出る前から、私は仲間と一緒にコメの産直に乗り出し、メディアに頻繁に取り上げられていました。それを快く思わない人もいたようです。「目立ちたがり屋だ」と陰口をたたかれ、自宅では妻が電話口で「今から殺しに行くからな。待ってろ」と脅されて怖い思いをしました。無言電話も数知れず。われわれの事業が失敗するのを望んでいたのでしょう。

私は表立って反論や反応をしないよう心がけました。農業を自立した産業に変えるという信念があったし、大潟村あきたこまち生産者協会が産直に取り組んでいることが広まれば、消費者は必ず支持してくれると信じていたんです。実際、コメを購入してくれる全国の会員は1万人に増えていました。

ところが平成元（1989）年秋に予想だにしないことが起こりました。稲刈りの最中、宅配業者が「協会のコメの取り扱いをやめる」と伝えてきたんです。出荷ができなければ協会はつぶれます。耳を疑いました。

なぜこんなことに…。戸惑いつつ状況を確かめると、九州のある県農協中央会が宅配業者に対し「協会のコメを運び続けるのなら、もうお宅とは取引しない」と申し入れていたことが分かったんです。この県からは農林族の国会議員が選出されていて、私はテレビ番組でこの議員の発言に反論したことがありました。それで逆恨みされたのかもしれません。

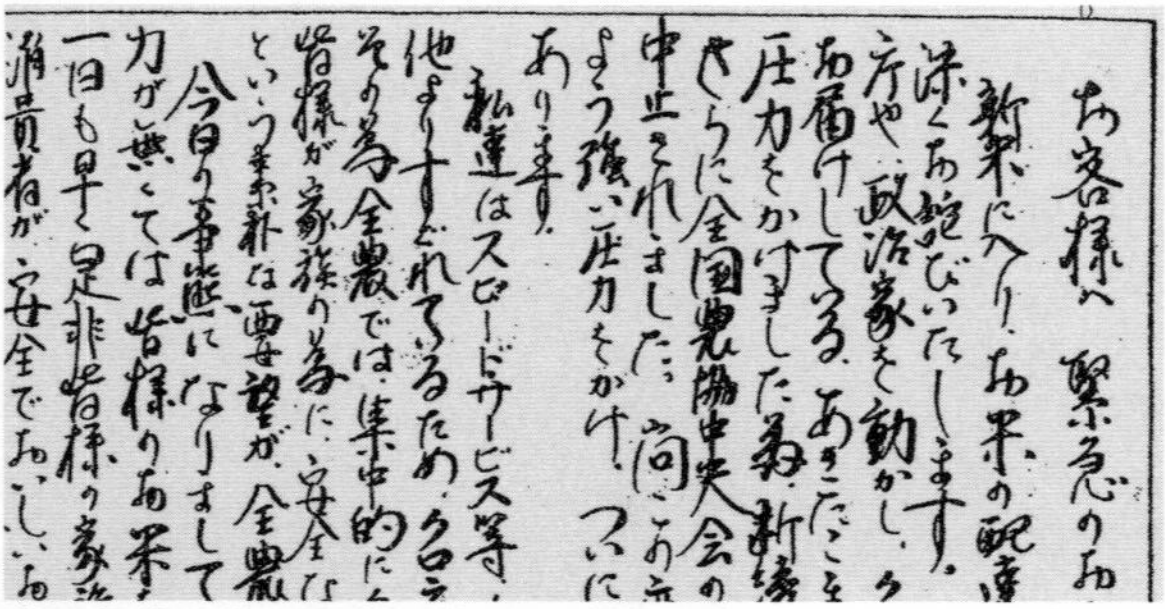
お客様へ　緊急のお
新米に入り、お米の配達
深くお詫びいたします。
庁や、政治家を動かし、
お届けしてる。あきたこと
圧力をかけました為、新規
さらに全国農協中央会の
中止されました。同じお
よう強い圧力をかけ、ついに
あります。
私達はスピードサービス等
他よりすぐれているため、名
その為全農では、集中的に
皆様が家族の為に、安全な
という素朴な要望が、全農
今日の事態になりまして
力が無くては皆様のお米
一日も早く是非皆様の家族
消費者が、安全でおいしい

宅配便停止後に顧客に送った手紙の一部

そこまでして協会をつぶし、産直を止めたいのか。怒りで体が震え、こんな圧力には絶対屈しないと闘志が湧きました。私は協会の社員を集め「必ず運送を再開させるから安心して出荷準備を進めてほしい」と伝えました。倉庫には箱詰めされた新米が積み上がっていました。宅配便の伝票が貼られ、いつでも発送できる状態でした。

新米、倉庫で泣き出す

平成元（1989）年10月、八郎潟町で全国農業者集会が開かれました。テレビのニュースを見ていたら、集会後に出席者が大潟村で「減反に協力を。ヤミ米は出すな」とデモ行進していました。軽飛行機2機で上空からも呼びかける徹底ぶり。私の自宅の前ではある県の農協幹部が表札を指さし「これが（減反）反対派の総本山だ」と言っていました。農協は本気で大潟村あきたこまち生産者協会をつぶしに来たんだと思いましたね。

私は彼らと衝突してわざわざ事を荒立てる必要はないと考え、社員を連れて八森町（現八峰町）へ温泉旅行に出かけていたんです。この大会の2日前には、宅配業者から「協会のコメの配送は受け付けない」と告げられていました。

旅先から村に戻り、出荷待ちの新米をどうやって消費者に届ければいいのかを改めて考えました。仲間の農家は「宅配業者を変えればいい」と言いましたが、私は聞き入れませんでした。その業者がまた圧力を受けて荷受けを断る羽目になるだけです。これでは何の問題解決にもなりません。

私は上京して政府の規制緩和委員や宅配業者の本社を訪ね、事態打開への協力を求めました。その直後にはテレビ番組にも出演しました。放送中、行き場を失った新米が協会の倉庫に山積みされている映像が映し出されました。私にはコメが一斉に泣き出したように見えましたが、一緒に出演した農協関係者はせせら笑うような表情を浮かべたんです。悔し涙があふれ出て止まりませんでした。

大潟村入りする減反順守農家の車列＝平成元年10月

出荷停止から10日ほどたち、私は大型トラックを借りる手配をしました。新米の到着を待ちわびる消費者をこれ以上待たせられないと思い、自分たちで新米を運び出す決断をしたんです。いったん大潟村の外まで運び、そこの宅配業者の営業所から発送したわけです。回りくどくても仕方ありません。こんな苦肉の策を2年続けました。

安売り王が高額提示

産直米の配送を拒まれる「宅配便ストップ問題」がメディアで取り上げられると、大潟村あきたこまち生産者協会には激励の手紙や電話がたくさん寄せられました。顧客は1万人から一気に7万人に急増。ピンチの後にはチャンスが来るものです。

ところが、一難去ってまた一難。今度は平成5（1993）年に冷害による記録的な凶作に直面したんです。村は「平成の米騒動」に揺れました。

〈この年の県産米作況指数は83の「著しい不良」。村にはコメを求める電話が殺到し、電話回線が一時不通となった。政府は戦後最悪の凶作になることが確実として、外国米の緊急輸入を決めた〉

米価が急騰し、私は契約農家からのコメの買い取り額を大幅に引き上げることにしました。ところが翌年3月、「安売り王」の異名を持つ家電量販店の社長が札束の詰まったアタッシェケースを手に、東京から村へコメの買い付けにやって来たんです。聞けば「1俵6万円」を提示したというではありませんか。自由米を買い占められては、事業が立ち行かなくなります。

私は凶作前まで1俵2万円で買っていました。安売り王に対抗して何倍も支払えば、販売価格も上がって顧客をなくします。かといって買い取り額が低いままではコメを仕入れられず、これまた顧客を失ってしまいます。困り果てました。

どちらの選択もしたくなかった私は「6万円は払えないが、この先4年間は3万円を支払う」と提案。契約農家からコメを提供し続けてもらったんです。

全国発送に向けコメを袋・箱詰めする＝平成5年11月

6年産米の生産量は回復し、米価も落ち着きましたが、契約農家との約束をほごにするわけにはいきません。支払いはとても苦しく、4年目は8千万円の赤字でした。1年ぐらい短縮しても…との考えが頭をよぎったこともあります。そうすれば何億円も利益が出たはずですから。でも、ここでくじけたら誰も信用しなくなると思い、歯を食いしばって乗り切りました。

■模索の日々

米ぬかで循環型農業

大潟村で稲作をする中、豚糞《とんぷん》を堆肥に使った有機農業に取り組んだことがありました。散布前にはいったんあぜの脇に積んで寝かせます。でも雨が降るたび、どぶどぶになって大変でした。夏はハエが大量発生し、近くに行くと目を開けられません。豚糞を使い続けるのは無理だと思いました。

ただ、コメの産直を始めてから「顧客にリピーターになってもらうには、おいしくて安全なコメを提供する必要がある」との思いを強くしました。鍵となるのはやはり有機農業です。

豚糞以外に有機肥料になる物がないかといろいろ思案し、目を付けたのが米ぬかです。米ぬかで本当にコメ作りができるのか全く見当がつきませんでしたが、立ち止まってなんかいられません。村内で産直を手がける同業他社と連携し、平成7（1995）年に米ぬかで発酵肥料を作る工場を建てました。

米ぬかに微生物を投入し、かき回しながら発酵させていきました。量も期間も何もかも手探り。うまく発酵が進まずカビが生えたり、微生物を混ぜたまま保管していたら火災が起きたりと失敗が絶えませんでした。

それでも微生物研究者の指導を仰いだり、乾燥機を増設したりしながら改良を重ね、2年後にようやく肥料を完成させました。自分たちで育てたあきたこまちを自分たちで精米し、そこで出た米ぬかで肥料を作る。それを田んぼにまいてまたコメを栽培する。そうやって循環型のシステムを築き上げ

コメの不正規流通防止を呼びかける看板が撤去された＝平成7年10月

たんです。

産直米の安全性を証明するため、残留農薬分析計もいち早く導入しました。

この年、戦時中に制定された食糧管理法が廃止されました。食糧庁がコメの生産から流通までの全てを管理する方式は終焉《しゅうえん》を迎えたわけです。新食糧法が施行され、農家は自由に販売できるようになりました。歴史的な転換です。産直を始める農家は全国で急増。長らく「ヤミ米」とさげすまれた自由米は「ヤミ」ではなくなったんです。

迷ったら顧客に聞け

おいしくて安全なコメを消費者に届けるため、米ぬかの発酵肥料で有機栽培に取り組み、残留農薬分析計も導入しました。でもずっと胸に引っかかっていることがありました。「自分の独り善がりじゃないのか」「お客さんは満足してくれているのだろうか」

記録的な凶作でコメ不足に陥った「平成の米騒動」でコメ価格は急騰したものの、その後は豊作に恵まれて10キロ4千円台まで下がっていました。でも大潟村あきたこまち生産者協会では米騒動以来、7600円での販売を続けていました。農家へ支払うコメ買い取り額を高く設定し、4年間固定したからです。

販売額を下げるべきか、継続すべきか、それとも新たな付加価値を付けるべきか―。

悩んだり迷ったりした時は顧客に聞くのが一番です。平成9（1997）年7月、私はコメの販売価格を顧客に決めてもらうことにしようと提案しました。

社員も経営コンサルタントも商社社員も「そんなことをしたら安い値段を提示されるに決まっている」と口をそろえて反対しました。でも私は「10年かけて産直で築いた顧客との信頼はそう簡単には崩れない」と説得し、「今のお米の値段が高いと思ったら、希望価格をお申し付けください」と書いた手紙を全ての顧客に送りました。

ただ、値下げを求める声が相次いだら協会はたちまち経営難に陥ります。発送後に「何て危うい、無謀なことをしたんだろう。無理して強がらなければよかった」と不安にさいなまれましたが、後悔先に立たず。

大潟村で収穫されたコメ

1週間後、顧客から返信の手紙が届き始めました。「応援していますから頑張ってください」。どの手紙にも激励の言葉がしたためられていました。1カ月ほど経過してから集計してみると、98%が「現状維持で構わない」と回答してくれていました。満足度が高いことを確認でき、地道にやってきたことは間違っていなかったと自信を深めることができました。

県内初の認定を辞退

平成9（1997）年11月、大潟村あきたこまち生産者協会が計画した事業が、県の「ベンチャービジネス育成支援事業」に認定されました。他の2社とともに県内初の認定でした。農業の新たな可能性を開ける、と気持ちが高ぶりました。

計画したのは、農産物を利用した地ビールやハム・ソーセージの体験工房を備えた「オーガニック・ファームパーク」の建設です。県からは3千万円の間接融資を受ける予定でした。

ところが思わぬ所から待ったがかかりました。「減反しない企業に融資するのはおかしい」と一部の県議会議員が猛反発したんです。ニュービジネスの認定と減反はどう考えても別問題だと思うんですが…。またもや協会つぶしかと閉口しました。

事業認定が公になって以降、県議の間で反発が高まり、県議会は紛糾。12月15日の夜、県幹部から「反対運動が起きるという話がある。どうしたらよいか」と電話がありました。私は翌朝、「これ以上の混乱を招くのは忍びないので認定を辞退する」と決断し、県庁で会見を開きました。そこで県議の批判に真っ向からこう反論したんです。

「減反しないのが公序良俗に反すると言うが、コメを自由に作れる新食糧法の趣旨を理解していないのではないか。（かつての）食糧管理法に違反した罪で起訴された人も、村には一人もいない」「減反しないことで全てを抹殺するなら、新しい農業は築けない」

新聞にも意見広告を出して同様の主張を唱えました。企業経営者から同情の声が寄せられ、私は「若者が夢と希望を持てる農業を創造する」という信念を思い起こし、計画は必ずやり遂げると決意したんです。

平成９年に開設した体験工房

金融機関から融資を受け、手作り体験工房を造り、無添加のハムやパン、発泡酒を製造しました。この取り組みは県内の中学生の教材に掲載されたんです。認定騒動が起きた翌年に教材になるとは。世の中が激変したのか、と滑稽に思いましたね。

無洗米で新たな一歩

平成7（1995）年11月、コメの生産や流通を大幅に自由化する新食糧法が施行されました。これに伴い、個人産直に乗り出す農家が全国でどんどん増えていきました。

大潟村あきたこまち生産者協会が生き残っていくには、顧客を満足させられるよう付加価値を高め、他との差別化を図らねばなりません。さて、どうするか。私はコメをとがずに炊ける「無洗米」に目を付けました。

出始めの頃はあまり評判が良くなかったんですが、加工機の改良で品質は上がっていました。サンプルを取り寄せたら色つやも味も想像以上。これは革命的だと驚き、12年1月に年間30万俵を加工できる国内最大級の無洗米工場を造ったんです。

ご飯の味はとぎ方によって変わります。無洗米に切り替えると、とぐ工程がないので均一の味になるし、寒い朝に水の冷たさに耐えながら米とぎをする苦労がなくなります。1人暮らしの学生や単身赴任者にとっても楽。しかもとぎ汁で環境を汚す恐れもない。ブームになると直感しました。

顧客には発売の3カ月前から告知し「今後は無洗米を届けます。価格は変わりません。希望者には従来通りのコメを届けます」と説明。「おいしくないのでは」という不安の声もありましたが、すぐに払拭され、9割以上の顧客が無洗米を選んでくれたんです。

当時は、炊事は女性の役目という風潮があったので、無洗米の販売を最も喜んでくれたのは女性でした。私のおふくろもその1人で

発送に向け袋詰めした無洗米＝令和5年4月

す。リウマチで指先が曲がり、何かに触れるたび激痛に苦しんでいました。米とぎがなくなったことで苦痛も軽減され、すごく感謝されました。

工場では加工段階で出るとぎ汁を活用し、米酢の醸造を試みました。米酢を使った清涼飲料やサプリメントなども開発。売れ行きが芳しくなく、途中で販売をやめましたが、コメ産直の域を超えて加工にも挑むという大きな一歩を踏み出しました。

村外へ飛び出し営業

無洗米導入を機に平成12（2000）年6月、業務用米の販売を始めました。食の多様化でコメの消費が落ち込む中、個人向けに産直米を届けるだけでは売り上げがじり貧になります。

社業発展のためには新たなカンフル剤が欠かせない。「それなら大潟村の外へ飛び出し、これまでやったことのないことをしなければ。今がその時ではないか」。こう考え、初めて社員に営業攻勢を仕掛けてもらうことにしたんです。

でも誰一人、営業経験がないので手探りです。全国に直営の営業所を設け、社員が飲食店やホテル、病院を訪ねて「どのコメをいくらで買ってますか」などと素人感丸出しの会話をしながら売り込みを図りました。相手に懸命さが伝わったのか、それとも社員がこつを覚えたからなのか、半年後にはそこそこの注文が入るようになりました。

飛び込み営業を試みるうち、多くの店がコメをうまく炊くのに難儀していることを知りました。メーカーによって炊飯器の釜や構造が異なるし、加熱の方式も違うので、味に差が出てしまうと悩んでいたんです。そこで社員が炊飯器の構造や季節による水温の違いなどに合わせた炊き方を研究。試験炊飯を繰り返してそれぞれの条件に合う炊き方を見いだし、こつを教える取り組みを始めました。「農業の会社ならではのサービスだ」とすごく喜ばれました。

もう一つ、寄せられた要望がありました。「炊いてから10時間たってもおいしいといいんだけどね」と言われたんです。

営業活動を前に東京で研修を受ける社員＝平成13年

例えば工場で弁当を作り、それを店頭に並べ、購入した客が持ち帰って食べる。この「炊いてから口に入るまで」がほぼ10時間なので、味が変わらないことが重要だというわけです。なるほどそうか、と小膝を打ちました。個人向け産直では炊きたてのうまさにこだわってきましたが、業務用では別の角度からの観点も必要だと気付かされたんです。取引先と対面で接する意味の大きさを知りました。

進化したコメ、次々と

炊いてから10時間たってもおいしいご飯をどうしたら作れるか—。業務用米の取引先から寄せられた要望が頭から離れませんでした。

同じ頃、炊飯技術の研究者から「精米工場をマイナスイオンの環境にしてみては」と提案されました。全く未知の分野でした。でも資料を読んだり施設を視察したりしたら、コメの付加価値を高める可能性があると感じたんです。間髪入れず、平成14（2002）年8月から設備の整備に取りかかりました。

工場の天井にマイナスイオンの発生装置をつるし、床下や玄米タンク内、精米機に特殊な細工を施しました。無洗米加工に使う水もマイナスイオン水に切り替えたんです。

導入したら信じられない変化が起きました。従来は精米によって玄米に圧力がかかり、コメが粗熱で劣化していました。新たな設備を入れた後は玄米のぬかが剥がれやすくなって低温精米が可能になったんです。炊いてみたらふっくらとして食感が抜群。炊く前に水に何十分も浸す必要もない。驚きました。

しかも、炊飯後に時間がたっても黄ばみが生じず、硬くもならない。おいしさが何倍も長持ちするようになったんです。これで飲食店の要望に応えることができたわけです。

この経験を足がかりに、大潟村あきたこまち生産者協会では栄養価の高い発芽玄米や、ビタミンやミネラルなどを加えた栄養機能米も商品化しました。おいしさにこだわり、安全性も追求し、さらには付加価値を高める。そうやって他社の商品との差別化を繰り

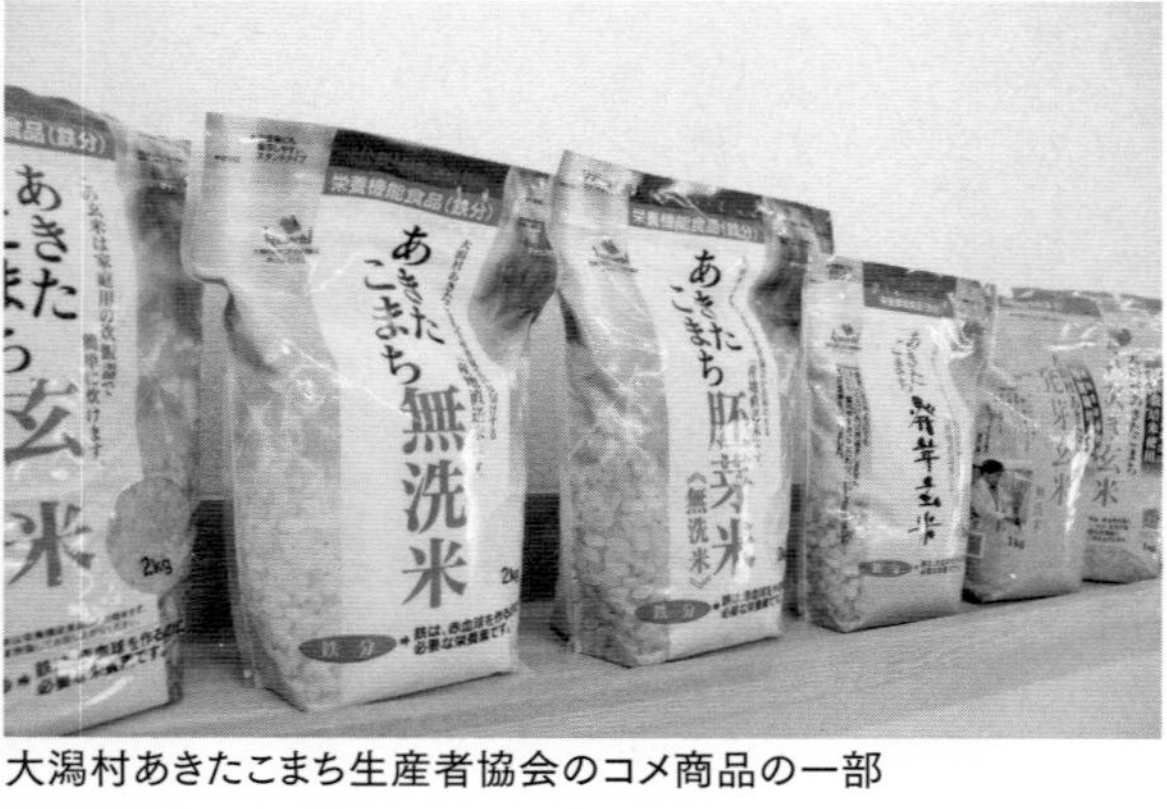

大潟村あきたこまち生産者協会のコメ商品の一部

返したんです。

私の頭は常に「次は何に挑戦しようか」という考えでいっぱいでした。消費者にコメの良さを知ってもらい、若手農家に農業の可能性を提案したいと考えていたからです。過去の成功体験に浸ってばかりでは、環境の変化に対応できず、方向性を見失います。新しい発展を望むなら、成功体験を捨てて挑戦を繰り返さないといけません。

■新たな一歩

コメの加工へシフト

平成20（2008）年にリーマン・ショックが起きました。世界的に株価が暴落し、日本でも「派遣切り」など失業が社会問題化しました。これは一過性では済まないなと思いました。

私は39歳で大潟村あきたこまち生産者協会を起こし、白米の個人向け産直を始め、業務用米や発芽玄米、栄養機能米などの販売に取り組んできました。一方でコメ消費量は減るばかり。不況の長期化も見込まれる。行く末を自分なりに展望すると、コメ販売に特化した経営体質のままでは生き残っていけないという結論に達しました。

別の事業の柱もつくらなければと構想を練る中で、ある決断をしました。コメの販路を広げるための新規営業はやめて、加工食品メーカーへの脱皮を図る方針を掲げたんです。

農家だからこそ「コメの生産から加工、販売まで」を一貫して手がけられるし、他との差別化につながるはずです。

かなり思い切った方向転換なのでリスクが伴いますが、主力商品の利益が出なくなってからでは、新しい分野の開拓をしようとしても間に合いません。利益が出る分野があるうちにできるだけ多く種をまき、少しずつ収穫できるように育てていくことが大切だと思ったわけです。

初めに売り出したのは餅やおはぎ、おこわでした。営業社員が総がかりで売り込みを図りましたが、すぐに新規参入の難しさを思い知らされました。量販店には先駆者が食い込んでいて、付け焼き刃の新参者では太刀打ちできなかったんです。彼岸になれば売れ

大潟村あきたこまち生産者協会の精米工場＝令和5年4月

るだろうという予想も外れてしまいました。

考えてみれば、どれも嗜好品《しこう》に近い食べ物。売れたとしてもコメの消費量はたかが知れています。主食用米に匹敵し得る消費量を生む商品を見いださなければなりません。そこで私は小麦粉の代替として注目されていた米粉に着目しました。大潟村で米粉用米を育て、めんに加工してみたらどうだろうかと考えたわけです。

米めん売れず隘路に

大潟村あきたこまち生産者協会の新たな事業の柱に据えたのが、米粉を使っためんを商品化して売ることでした。平成21（２００９）年に「新規需要米制度」が始まり、米粉事業に取り組むきっかけとなったんです。

〈新規需要米制度は米粉や飼料など新しい用途のコメに限り転作と見なす仕組み。国が生産者に作付面積10アール当たり８万円を補助した〉

制度を活用するには製粉工場を持つ「実需者」を確保する必要があります。そこで、協会が実需者となって加工設備を導入しこの年の10月、１カ月に１００万食分の米めんを製造できる工場を造ったんです。村内の米粉用米を全て引き受けることにしました。

これに先立ち、私は米めんのサンプルを持ち歩いて４月から全国の大都市圏へ営業活動に出向きました。量販店やコンビニ、レストランなどを回り、要望を自分の耳で聞き取りたいと思ったんです。栄養価の高い発芽玄米のめんを開発したり、すぐに食べられるように一度加熱してから冷凍したゆでめんを用意したり、料理研究家に米めんのメニューづくりを依頼したり…。商談先のニーズに応えようと必死になって取り組みました。

　ところがいくらやっても販売実績が出ません。米粉の食文化を広めるのは容易ではないと痛感しました。製めん工場ができても光明は見えず、完全に隘路《あいろ》に迷い込んでしまったんです。四六時中、販路をどう開拓するかが頭から離れず、眠れない日が続き、気が付くと独り言を言うようになっていました。

　でも米めんの販売は、協会にとってコメ産直に次ぐ第2の創業です。何としても成功させ、この難局を乗り切ると自分を奮い立た

米粉を使った商品

せました。一介のコメ農家がなぜそこまでするのか。周囲から不思議に思われましたが、新たなコメの需要を開拓しなければ、村の農業も日本の農業も沈没してしまう。それを回避するために全力を尽くすのが、私の使命だと思ったんです。

農相が歴史的な謝罪

大潟村あきたこまち生産者協会が村産の米粉用米を全て買い取ると決めたのには、あるきっかけがありました。平成21（2009）年11月の赤松広隆農相（当時）の来村です。来村の20日前、テレビ番組の収録で赤松農相と顔を合わせ、「ぜひお越しください」と直接呼びかけました。間を置かず、約束通り訪ねてくれたんです。減反に従うことを条件に国がコメ生産費の赤字を補填《ほてん》する「戸別所得補償制度」を推奨するため、大潟村から全国へ発信する狙いがあったと思います。

驚いたのはその時の発言でした。入植者の前で「生産者の減反への参加、不参加の対立は国の政策転換で翻弄《ほんろう》された結果だった。迷惑をかけた」と国の非を認めて謝罪したんです。

さらに「新しい農業の形を示してほしい。過去にはいろいろあったが、歴史的和解をしてもらいたい」と訴えかけ、「(減反を達成してこなかった)大潟村に対するペナルティーは科さない」と明言したんです。ヤミ米屋と非難され続け、犯罪者呼ばわりされてきた身としては感無量でした。県内の農業関係者からは「正直者がばかを見るのか」との声も上がりましたが、農相は態度を変えませんでした。

これを受けて私は反減反の立場を転換し、減反に参加することにしました。新制度で主食用米の栽培に定額の交付金が付くことになり、米粉用米も転作による減反と見なされることになったのが一番大きな理由です。水はけの悪い干拓地で畑作物を育てて減反するのは無理でしたが、米粉用米ならば減反に協力できると考えたわけです。

私だけが減反に参加しても「歴史的和解」

大潟村を訪れ、あいさつする赤松農相＝平成21年11月

はなし得ません。他の反減反派にも転換を促すため、米粉用米を私が全部買い取ることにしたわけです。これにより転作に乗り出す人が一気に増え、村の減反参加率は前年の49%から84%に上がりました。

減反政策を巡って入植者同士が二分した構図は崩れ、わだかまりは薄れていったんです。

自衛隊の車両が集結

平成23（2011）年に東日本大震災が発生しました。三陸沿岸は津波で変わり果てた光景になり、本当に心が痛みました。

驚いたことがありました。大潟村あきたこまち生産者協会の社員が岩手県釜石市で取材を受け、テレビに映っていたと連絡が入ったんです。彼は営業活動で釜石を訪れ、津波に遭遇。堤防から濁流があふれるのを見て慌てて車を降り、電柱をよじ登ったそうです。胸まで水に漬かったものの、必死に耐えて津波にさらわれずに済んだと話していました。車は失いましたが、本人が無事で何よりでした。

震災から5日目に政府から緊急援助米を用意するよう要請されました。最初は150トン。その後も数十～数百トン単位で依頼が入り続けたんです。

ところが一筋縄ではいきません。精米機などに使う重油が底を突き、コメを詰める袋も箱もガムテープも足りない。玄米を仕入れる億単位のお金も必要です。被災者のことを思えば遅滞は許されません。方々の協力を得て綱渡りで依頼に応えました。協会の駐車場は荷積みをする自衛隊車両でいっぱいになったんです。

宮城県と福島県の一部地域では、津波や原発事故で主食用米を作付けできなくなり、栽培枠を全国で引き受けることになりました。協会も作付けを担うことにしたんです。代わりに両県には、協会に減反分として割り当たっていた米粉用米の作付面積を渡す手続きをしました。未曽有の震災で錯綜《さくそう》する中でも減反面積を計算しなきゃならないとは。国の役人も大変

緊急援助米を積み込む自衛隊車両＝平成23年3月

です。

他にも初めての事態に直面しました。牛肉から放射性物質が検出され、農作物への不安が広がったんです。協会のコメから検出されないことを証明しない限り、消費者の不安は拭えません。直ちに2千万円を投じて測定器を輸入し、結果を全て公表しました。コメ農家としては、微量でも出たら消費者に届けたくなかったんです。幸い、検出されることはありませんでした。

中国へ輸出、水の泡に

東日本大震災の発生から1年近くたった平成24（２０１２）年2月、日本の食を中国に売り込む「農林水産物等中国輸出促進協議会」の事業に参加することを決めました。

〈協議会は食品企業などで構成。富裕層向けのコメや日本酒、みそなどを北京の展示館へ輸出することを計画した〉

22年12月に農林水産副大臣が展示会を運営する中国国営企業と覚書を結んだのを機に事業が動き出し、大潟村あきたこまち生産者協会も出品を打診されました。原発事故後の混乱やぎくしゃくする日中関係の中で事業がうまく進むか見通せず、参加すべきか悩みに悩みました。

でも販路開拓のチャンスがあるなら、やらずに後悔したくないと思い、初めて海外展開に挑むことにしたんです。人口減や少子高齢化で国内のコメ消費量が先細ることへの強い危機感もありましたから。当時、中国には富裕層が6千万人いると言われていました。協会のコメのおいしさが評判になれば、輸出量は年間数万トンになるかもしれないと期待に胸が高鳴りました。「海外展開は人生最大の仕事になる」と気負い立ったんです。

白米や米めん、おはぎなどいろんな商品を取りそろえ、全てに小野小町をイメージした協会ロゴマークを印刷しました。世界三大美女の一人にあやかり、協会を覚えてもらおうと考えたわけです。準備は万端でした。

ところが、予想だにしない問題が起きました。在日中国大使館の書記官への情報漏えい疑惑で、対中輸出

輸出へ向け北京の展示館開設場所を視察（左）

事業に肩入れした農相と農水副大臣が24年6月に退任。さらに9月には政府が沖縄の尖閣諸島を国有化し、日中間に亀裂が入りました。

事業は宙に浮き「人生最大の仕事」は水の泡に。力が抜けてしまいました。ただ、この事業のおかげで製薬会社や料理学校との縁ができ、健康食品を共同開発する新たな展開につながったんです。いつでも前向きでいようと心がけていれば、何らかの収穫を得られるものです。

グルテンで状況一変

米粉用米などを転作作物と見なす制度が平成21（2009）年に始まったのを機に、米粉を使った「米めん」の販売に乗り出しました。でも売れ行きはさっぱりでした。小麦粉を使った麺類市場を切り崩すことができなかったからです。何年も何年も悩み続けました。

米粉を使ってパンも試してみたんですが、グルテン（タンパク質の一種）が含まれていないため膨らみがなく、おいしく焼き上がりません。グルテンや小麦粉を混ぜてしまおうかと何度も考えたのですが、そのたびに思いとどまりました。グルテンは小麦アレルギーの原因とされています。原材料に加えてしまったらアレルギー対応食品ではなくなり、米粉を使う意味がなくなるからです。

大潟村あきたこまち生産者協会には27年時点で米粉用米の在庫が3千㌧近くあり、倉庫の天井まで積み上がっていました。

圧迫感に押しつぶされそうでしたが、ひょんなことで状況は一変。男子テニスの世界王者ノバク・ジョコビッチ選手が、小麦を使わないグルテンフリーの食事法を実践していると世界中で話題になったんです。小麦のパスタやパンをやめたらアレルギー症状が改善し、体重が減って切れが増したというんです。

「ピンチはチャンス」とはまさにこのこと。米粉への関心がにわかに高まり、協会への問い合わせが一気に増えたんです。グルテンフリーと分かるよう、すぐさま米粉食品の包装を刷新しました。首都圏では訪日客向けにグルテンフリー食品を用意するホテルが相次ぎ、協会に注文が入り出しました。

「東京五輪の選手村に協会の食品を提供できない

倉庫に積まれた出荷前のグルテンフリー食品＝令和５年４月

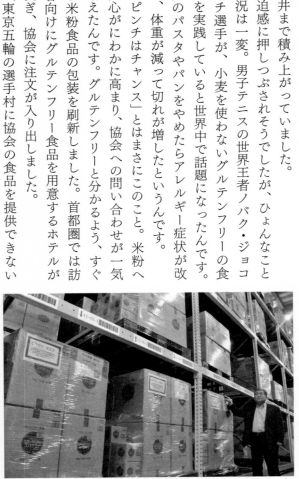

か」との依頼も舞い込みました。夢のような話でした。大会は新型コロナ禍で1年延期され、令和3（2021）年に開かれましたが、予定通り米めんなど十数種類の商品を提供することができました。選手たちの評判は上々だったようで、ジョコビッチ選手も喜んで食べたと聞きました。

ハーバード大で講演

人間、いざとなれば度胸一つで何でもできるもんです。そう実感する出来事がありました。平成29（2017）年1月、米国ハーバード大ビジネススクールのセミナーで講演をするという貴重な体験をしたんです。

ここの教授が大潟村あきたこまち生産者協会に視察に来たことがあり、その縁で講師を引き受けてくれないかと打診されました。めったにない機会なので、快諾しました。

ビジネススクールなので、相手は聴講生と言っても世界中から集まった企業経営者や投資家、商社社員などです。単なる講演ではなく、講師と聴講生が一つのテーマに対し質疑応答を繰り返す討論形式の授業でした。

100人ほどを前に、私はヤミ米農家のレッテルを貼られつつもコメ産直の会社を立ち上げ、コメの加工食品を開発してきたことを説明。「日本のコメは世界の食糧問題を救う可能性を秘めている」と話し、国内農業を魅力あるものに刷新しなくてはならないと訴えたんです。

　農林中金の海外投資についての私見も述べました。「農業で生まれる利益は農業発展のために使うのが本来の形だと思う。農協から集めたお金を海外投資に回すより、日本の農業再生のために使うべきではないか」と提案したんです。聴講生はこの主張に最も関心を抱いたらしく「日本のコメは品質が高い。もっと輸出できるのではないか」「農業再生に向け、日本が外資の投資を受け入れる可能性はあるか」といった質問をどんどんぶつけてきました。

　聴講生と〝真剣勝負〟を繰り広げたセミナーは2時

セミナー聴講生と2時間半の“真剣勝負”

間半に及びました。終了後、担当教授が「ワンダフル」と言ってくれたので、内容としては悪くなかったんじゃないでしょうか。

ハーバード大といえば米東部の八つの名門私立大を指すアイビー・リーグの一つ。誰もが知る存在のはずですが、残念ながらわが家で知る者はおらず…。家族は私が海外旅行に行ってきたと思い込んでいたようです。

■この地で、これからも

新会社で就農支援へ

大潟村が誕生したのは昭和39（1964）年10月です。新生の大地で589戸が農業を営んできましたが、この半世紀余りで100戸近くが離農しました。高齢化や後継者不在に伴い、この先も離農が続くんじゃないでしょうか。どうにかしないと村自体が自治体として成り立たなくなってしまいます。

就農人口が減る中、地域の農業を守るには、離農者の農地を集約し、安定して収益を出せる仕組みが重要だと考えるようになりました。でも個人でそれを実現するのは容易ではありません。それなら大潟村あきたこまち生産者協会が他の農業法人や企業と連携し、そのモデルを提案できないだろうか。

そう思い立ち、平成28（2016）年8月、三井住友銀行、秋田銀行などと、農地を所有できる「農地所有適格法人」の新会社を立ち上げました。「みらい共創ファーム秋田」です。

新会社で特に力を入れて取り組もうと考えたのは、新規就農者の育成です。農業に挑む人たちのために営農指導や資材の共同購入、農産物販売の面からサポートする仕組みをつくろうと思ったわけです。首都圏からも新規就農者を呼び込み、経営的に自立できる農家を育てて日本農業再生の方策を示す青写真を描いたんです。

農地集約も社業の柱ですが、こちらは時間がかかります。そこで、まずは高収益の作物を育てる試みに取り組み、農業経営の安定化を目指すことにしました。目を付けたのはタマネギです。定植や収穫の作業時期が水稲と重ならないし、ほとんどの作業を機械化

県庁で会見し、タマネギの大規模栽培に取り組むと発表＝平成29年10月

できるので、生産コストはかなり抑えられるだろうと見立てたんです。

　国内で出回っているタマネギは北海道産や西日本産が大半です。でも夏場は主要産地からの供給が途絶えてしまうので、中国から輸入しているのが実情でした。本県でうまく産地づくりを進められれば、国内産の端境期に市場へ供給でき、需要も見込めると考えました。

開墾中、溝に落ち流血

みらい共創ファーム秋田でタマネギ栽培を試みることになりました。新たに畑を確保しなきゃいけません。大潟村には半世紀にわたって何も作付けされたことのない土地がありました。南部にある県有地です。

ここを20㌶借りることにしました。ところが、そこは未開の原野。4㍍もあるアシに覆われ、10㍍ぐらいまで伸びた雑木も至る所に生えていました。重機で分け入るとまるで迷路。方向感覚を失うほど荒れ放題だったんです。平成29（2017）年から開墾を始めたんですが、全ての雑木を抜くまで1年近くかかりました。

アシを細断して土壌にすき込み、雑木は農地の端へ集積。地道に除去を続ける中、9月下旬にトラクターを溝に落としてしまいました。地面の形状がよく見えなかったんです。

反動で私の体が跳ね上がり、キャビンの天井に頭を強打しました。

生温かいものがだらだら流れてきたので何だろうと思ったら真っ赤な血でした。びっくりして手で押さえたら、ごつごつとした妙な感触が。頭蓋骨が割れたのかと不安になりました。すぐにタオルと軍手を丸めて傷口を圧迫し、助けを求めました。

男鹿市の病院で調べてもらったら、幸い骨折はなく、10針ほど縫うけがで済みました。人騒がせな事故を起こして迷惑をかけてしまい、反省しました。でもこの忘れ難い出来事が起きたことで、この開墾地への思い入れがぐんと増したんです。

開墾で生まれた畑は、長さ千㍍、幅140㍍で面積は14㌶。1枚当たりのタマネギ畑としては、日本一の広さ

重機を使い、未開の原野を開墾＝平成29年9月

です。とはいえ、場所によって土壌の酸性度や水はけはまちまちでした。当初は苗を植え付けてもうまく育たない所が7㌶にも上ったんです。開墾完了から3年がたち、ようやく全ての土地での栽培が可能になりました。

みらい共創ファーム秋田では三種町、男鹿市、秋田市の畑も含め計45㌶でタマネギを栽培。東北一の面積となりました。

菅氏が国産化に期待

みらい共創ファーム秋田でタマネギ栽培に本格的に取り組んだのは、平成29（2017）年からです。この年は25㌶、次の年は45㌶に植え付けました。稲作一辺倒ではなく、畑作も大規模化して農業経営を安定させようと考えたわけです。

ところが実際に育ててみると、想像したよりずっと難易度が高かったんです。種まきや苗の植え付けの時期がわずか数日ずれただけで、生育に大きな差が出ます。しかも、品種、土質、マルチ栽培か露地栽培か、葉先を切りそろえる「せん葉」の頻度など、収穫量を左右する要素が幾つもあったんです。

県内には大きな産地がなく、栽培技術は成熟していませんでした。つぼみが上がってくる「とう立ち」が起きたり、玉が全然大きくならなかったりと、何年たっても失敗ばかり。

かなりリスクの高い作物だと分かり、どうしようか悩みました。

そんな時、当時の菅義偉官房長官から電話がありました。令和2（2020）年4月のことです。長官にはそれまで何度か農業振興について相談に乗っていただいたことがありました。

電話の要件は「タマネギを輸入物に頼らず国産化したい。現状では夏場に国産が供給されなくなるので、東北産を出荷できないか」というものでした。私は「まずは栽培技術を高める必要があるので、技術指導をしてほしい」と伝えたんです。

長官の動きは迅速でした。すぐに農業・食品産業技術総合研究機構（農研機構、茨城県つくば市）に取り次いでくれたんです。以来、研究員が大潟村を頻繁に訪

タマネギを植え付けた開墾地＝令和5年4月

れ、栽培法の確立に向けてデータ収集や分析を進めてくれました。おかげで、植え付け時期やせん葉の回数などによって生育にどれだけの違いが出るかが分かってきました。

東北を一大産地にするため、4年8月には農研機構などと研究開発プラットフォームを設立。7年に東北の栽培面積を700ヘクタール、生産量を3万トンに増やすことを目標に掲げました。

長男に社長引き継ぐ

大潟村あきたこまち生産者協会は平成29（2017）年10月に創業30周年を迎えました。翌年12月に村のホテルで記念祝賀会を開いたんです。この時、私は70歳。協会の歩みと節目が重なったのでこれはいい機会だと思い、約200人の出席者を前に「副社長の信（長男）に社長を引き継ぐ」と宣言しました。

社長交代はかねて頭の片隅にあったんです。でも社員や家族には話していなかったので、みんなぽかんとしていました。もちろん信にとっても寝耳に水。さすがにいきなり押しつけるのは気の毒だと思ったので、2年後の令和2（2020）年12月にバトンタッチしました。

協会を立ち上げた当時、私はヤミ米業者と犯罪者扱いされました。方々から圧力を受け、つぶされまいと必死に闘う日々を送りました。四六時中、協会の事業を軌道に乗せることばかり考え、子どもの授業参観や入学式、卒業式には一度も出席したことがありませんでした。家族には随分ふびんな思いをさせてしまいました。

農家がつくった食品会社のトップに就いた信は、この先、市場競争という大きな壁に立ち向かっていかねばなりません。それまでは副社長として長らく財務会計の仕事を担ってきてくれましたが、比べものにならないほどの大きな荷物を背負うことになります。

寝ている間だって気を抜けません。発芽玄米や甘酒、非常食を製造する社員が交代制で働いていて、いつどんなトラブルが起こるか分からないからです。旅行中も休日も24時間365日、協会と社員のことを

大潟村の田んぼで長男（右）と＝平成19年秋

考える。それが社長というものです。

これまでは新規事業を巡って親子で見解が異なるたび、衝突してきました。これからは社長の意見にもっと耳を傾けようと考えています。私は会長に退きましたが、後ろ髪を引かれる思いは全くありません。「若者が夢と希望を持てる農業の創造」に向けて、やりたいことがまだまだありますから。

パックご飯、夢かなう

残念ながら、コメは年々食べてもらえなくなっています。令和2（2020）年度の国民1人当たりの年間消費量は50キロ。ピークの昭和37（1962）年度は118キロでしたから、半分以下に落ち込んだことになります。

ところが同じコメでもパックご飯は対照的です。令和4年の生産量は過去最高の24万5800トンになりました。この10年で2倍近くに伸びたんです。米とぎも炊飯も不要。レンジで「チン」するだけの時短調理で済み、味も食感も均一です。長期保存もできる。とにかく簡便ですから受けるのは当然です。

大潟村あきたこまち生産者協会でも新規参入できないものかと、30年ほど前から思案してきました。付加価値を高めてコメを売る一つの手段と考えていたからです。でも投資額が大きすぎて協会ではどうしても参入できず、山形の企業に製造を委託するしかありませんでした。

そんな中、国や県から支援を受けられるという話が舞い込みました。村に相談し、誘致企業用地に工場と倉庫を建てる構想を進めることになったんです。長年の夢がかなうと思うと、いても立ってもいられない気持ちになりました。

秋田銀行や村内の農業法人などが出資して新会社を立ち上げ、県内初の製造工場の建設に取りかかりました。総事業費は21億円。このうち12億8千万円は国と県の補助金です。令和3年7月に念願の工場が動き出しました。生産能力は1時間で最大6千食、年間3600万食です。稼働後、製造ラインのチェーンが外れたり、センサーの異常が起きたりとトラブルが

本格稼働したパックご飯製造工場＝令和3年7月

続きましたが、今では24時間体制で月間３００万食を生産できるようになりました。

資材や燃料の価格高騰が落ち着くタイミングを見極め、工場を新設したいところです。農家であるわれわれは、コメの仕入れ価格を抑えられます。この強みを生かして海外輸出にも取り組めば、秋田の農業は大きく変わるはずです。

マグロのように猛進

私の農業経営の原点は何かと言ったら、「雪」ではないでしょうか。郷里は4月末まで雪の残る新潟の豪雪地帯。農家は冬場に仕事がなく、出稼ぎをせざるを得ませんでした。そんな雪国の農村の暮らしを何とか変えたい、との考えが私の根底にずっとあったんです。

大潟村も同じ雪国。入植してから今日まで追い求めてきたのは、年間を通じて農業をなりわいにできる仕組みを確立することでした。その一つの答えが、春から秋に育てたコメを通年販売する「白米の産直」だったわけです。

他にもいろんな事業を手がけましたが、成功したのはほんの一握りでした。餅やおはぎ、赤飯を売り出した時は価格競争に打ち勝てず苦戦。コメ加工食品の中国輸出を計画したら日中関係が悪化し、あえなく断念。コメをペースト状にした「コメネピュレ」の製造・販売は、期待したほど需要が伸びませんでした。失敗を挙げたらきりがなく、資金繰りに苦しんだ経験も数知れません。村長選に2度出馬し、落選したこともあります。

それでも結果をマイナス思考ではなくプラス思考で捉えてきました。そうすれば失敗は失敗でなくなると思うんです。何が原因でうまくいかなかったのか、どこを改善すれば成功するのか。それらを分析する視点は、失敗経験を積み重ねてこそ得られるのではないでしょうか。

大切なのは「一歩先を見ること」です。他ではやっていない新しい事業に乗り出すのはとても大変なことですが、雪国の農業を変える第一歩は、長く険しい

工場で新入社員と向き合う（右）＝令和５年４月

道のりを突き進む勇気と覚悟だと信じています。

今は玄米のレトルトパウチ商品の製造に力を入れています。「食べやすい」「ぬか臭くない」と評価は上々。今春から年間で2千万食を製造できる体制に増強しました。

私はマグロのような生き方しかできません。挑戦をやめて泳ぎが止まってしまったら死んだも同然なんです。

秋田起点に農業再生

令和6（2024）年で大潟村誕生から60年を迎えます。干拓の目的は「モデル農村の形成」でしたが、そのスローガンはいつしか影を潜めました。

そして今、村で離農が相次いでいます。日本有数の耕作面積を持つ農家ばかりなのに、なぜでしょうか。このまま指をくわえて衰退を待つのか、それとも新たな体系を構築してモデル農村をつくり直すのか。村民自身が考えねばなりません。

入植1世の大半は80代以上になり、村議会もＪＡ役員も2世が主体の時代に入っています。ただ当初、モデル農村づくりを託されたのは1世です。ならば私も1世の1人として答えを示さねばと思い、挑戦を繰り返してきました。それが入植以来ずっと口癖のように唱えている「若者が夢と希望を持てる農業の創造」なんです。

ここにきて形がようやく見えてきました。令和5年4月発足させた「県タマネギ産地形成コンソーシアム」がその一つです。農業法人や農業・食品産業技術総合研究機構（農研機構、茨城県つくば市）、NTT東日本（東京）などが一体となってスマート農業に取り組み、新規就農者でも遠隔指導を受けて栽培技術を習得できる仕組みをつくろうと考えています。

スマート農業にはAI（人工知能）やスマートグラス（眼鏡型端末）を活用します。体系化できれば誰もが農業に取り組めるようになり、全ての産業が農業をビジネスと捉えて参画しやすくなるわけです。タマネギの産地化は序章に過ぎません。他の作物にも取り組みを広げていくことが重要なんです。

秋田市内でコンソーシアム発足を発表（左から2人目）

こうした試みを重ねて農業の生産性向上と持続可能性を高めることは、食料の安定供給につながります。まさにこれが日本農業の再生であり、農家に課せられた使命ではないでしょうか。入植1世の集大成として、変革の大きなうねりを秋田から起こしたい。その実現に向けた挑戦に終わりはありません。

■年譜

涌井　徹　略年譜

昭和23（1948）年	〈7月、食糧確保臨時措置法公布〉
	9月21日、新潟県中魚沼郡吉田村（現十日町市）に生まれる
24（1949）年	〈食糧庁設置〉
30（1955）年	4月、鐙島小学校に入学
32（1957）年	〈八郎潟干拓事業が着工〉
36（1961）年	4月、吉田中学校に入学
39（1964）年	4月、十日町高校に入学
	〈10月、大潟村が発足〉
40（1965）年	〈八郎潟新農村建設事業団が発足〉
41（1966）年	〈中央干拓地の干陸完了〉

42（1967）年　4月、新潟県農業教育センターに入学
〈56人が大潟村に1次入植〉
43（1968）年　11月、神奈川県相模原市へ出稼ぎ
〈86人が2次入植〉
44（1969）年　1月、神奈川県横浜市へ出稼ぎ
農林省と北陸農政局で大潟村への入植を相談
6月、大潟村入植へ向け筆記試験を受ける
7月、大潟村を見学。入植の面接試験を受ける
8月、入植試験に合格
11月、大潟村の入植指導訓練所に入る
〈175人が3次入植〉
45（1970）年　1月、千葉県君津市へ出稼ぎ
10月、入植指導訓練所での訓練終了

11月、家族と共に大潟村へ入植
〈143人が4次入植〉
12月、鈴木アヤ子と結婚
〈減反（生産調整）が始まる。5次以降の入植中断〉

46（1971）年　5月、大潟村での営農開始

47（1972）年　5月、長女貴子が誕生

48（1973）年　〈1月、従来の水田10㌶から新たに5㌶を加えて15㌶とし、稲作、畑作とも7・5㌶とする（農林省決定）〉
5月、長男信が誕生
10月、秋田食糧事務所が入植者にもち米栽培を要請

49（1974）年　〈120人が5次入植〉

50（1975）年　5月、畑作扱いのもち米が一転、稲作と見なされる
9月、過剰作付けと見なされた稲を青刈り（青刈り騒動始まる）

51（1976）年　〈1月、農林省が稲作上限を8・6㌶と通告〉
52（1977）年　〈3月、八郎潟干拓事業が完了〉
53（1978）年　〈3月、村議会全員協議会で12・5㌶のコメ作付けを申し合わせる〉
8月、過剰作付けと見なされた6・4㌶を青刈り
54（1979）年　仲間と新営農組合を設立し、ハウス園芸団地を造成
55（1980）年　新営農組合を解散
9月、収穫したコメ全量を「自由米」として出荷
56（1981）年　台風や長雨の被害が重なり、畑作を中断
57（1982）年　〈9月、過剰作付けをしたとして、国が農家1人に農地明け渡しを求め提訴〉
58（1983）年　〈4月、同じく別の農家1人を国が提訴〉
〈5月、日本海中部地震が発生〉

7月、15㌶の水田認知を求め入植者200人が調停会を結成し、農事調停を申し立て

59（1984）年 〈9月、「あきたこまち」誕生〉
11月、農事調停が不調に終わる

60（1985）年 〈3月、国が条件付きで水田10㌶を認める〉
〈10月、県が大潟村内と周辺の出口に「ヤミ米」検問所設置〉
〈12月、県が食管法違反容疑で3人を告発。調停会が県に公開質問状を提出し、県が検問所を撤去〉

61（1986）年 〈4月、調停会が村長に検問公金支出などの返還求め提訴〉

62（1987）年 〈2月、県警が食管法違反容疑で3人を書類送検〉
10月、39歳で大潟村あきたこまち生産者協会を創業

63（1988）年 〈1月、書類送検された3人が不起訴に。自由米の販売が拡大〉

64（1989）年 〈1月、昭和天皇崩御。年号が平成に変わる〉

平成元（1989）年　10月、宅配業者が産直米の運送を停止。八郎潟町で全国農業者集会

4（1992）年　8月、43歳で大潟村長選に出馬、落選

5（1993）年　〈秋、冷害による戦後最悪の凶作。「平成の米騒動」に揺れる。政府が米不足で250万トンを緊急輸入〉

7（1995）年　1月、阪神淡路大震災で救援物資発送

5月、第4倉庫（常温）、第5倉庫（低温）を建設

6月、食品分析研究所・高品質米栽培研修センターを建設

10月、残留農薬分析計を導入。米ぬか有機肥料工場を建設

〈11月、「食糧管理法」に代わる「新食糧法」が施行。コメ農家に「作る自由」「売る自由」を認めた〉

8（1996）年　8月、47歳で大潟村長選に再出馬、落選

9（1997）年　8月、顧客にコメ価格を決めてもらう

11月、秋田県のベンチャービジネス育成支援事業認定を受け体験工房づくりなどに着手
12月、一部県議の反発を受け、事業認定を辞退

10（1998）年
3月、米国ハーバード大ビジネススクールのテキストに掲載される

12（2000）年
1月、国内最大級の無洗米工場が完成
11月、国際環境品質規格ＩＳＯ１４００１を取得

13（2001）年
4月、大潟村穀物検査協会を設立
11月、東京支店・大阪営業所を開設
第7倉庫（低温）、第8倉庫（低温）を建設

14（2002）年
5月、札幌営業所を開設
9月、マイナスイオン設備を導入

15（2003）年
〈6月、食糧庁廃止〉

19（2007）年　1月、「農業は有望ビジネスである！」（東洋経済）を発刊
21（2009）年　2月、新規需要米制度が始まり、米粉食品の開発に着手
10月、米めん工場が完成
〈11月、赤松広隆農相（当時）が大潟村訪問〉
大潟村内で生産される米粉用米を協会が全量購入することを決定
23（2011）年　1月、東北ニュービジネス大賞の東北アントレプレナー大賞を受賞
3月、東日本大震災発生。緊急援助米を出荷
6月、製粉工場が完成
11月、放射性物質を測定するゲルマニウム半導体検出器を導入
12月、「米粉用米を利用した発芽玄米めんの開発と、営業活動の全国展開への取り組み」でフードアクションニッポンアワードのプロダクト部門優秀賞に
24（2012）年　2月、対中輸出事業に参加

25（2013）年

8月、ISO22000（食品安全マネジメントシステム）取得

11月、日中間の関係悪化に伴い輸出事業から撤退

9月、第9倉庫（常温）を建設

12月、「食物アレルギー特定原材料等25品目不使用の5年保存非常食」でフードアクションニッポンアワードの研究開発・新技術部門優秀賞に

26（2014）年

5月、コメの新素材「コメネピュレ」の工場完成

10月、大潟村が発足50周年を迎える

11月、「コメネピュレによるコメ需要創出」でフードアクションニッポンアワード商品部門の最優秀賞に

28（2016）年

グルテンフリー食品の商品開発に取り組む

8月、みらい共創ファーム秋田を設立

29（2017）年

1月、米ハーバード大ビジネススクールで講演

8月、25ヘクタールにタマネギを植え付け、大規模栽培を開始
10月、大潟村あきたこまち生産者協会創業30周年

30（2018）年　3月、甘酒の製造・販売開始
〈3月、コメの生産調整廃止〉
11月、タマネギ栽培が45ヘクタールに拡大
12月、協会30周年記念祝賀会を開催。元農林水産事務次官の高木勇樹氏が基調講演

令和2（2020）年　5月、ジャパン・パックライス秋田を設立
12月、長男信に協会社長を引き継ぎ、会長に就任

3（2021）年　4月、農研機構などと第1回スマート農業実証実験開始
7月、パックご飯工場稼働
東京五輪選手村にグルテンフリー食品を提供

4（2022）年　8月、農研機構、双日などと「東北タマネギ生産促進研究開発プ

ラットフォーム」を設立、代表に就任

4月、農研機構、NTT東日本などと第2回スマート農業実証実験開始

5（2023）年

「秋田県タマネギ産地形成コンソーシアム」を結成

6月、農研機構、NTT東日本などと、AIと多様なネットワークで農業技術を伝承する「遠隔営農支援プロジェクト」を発表

あとがきにかえて

あとがきにかえて

秋田魁新報の小松嘉和記者から連載「シリーズ時代を語る」の取材を受けてほしいと依頼された時、少し尻込みしました。「私のような失敗だらけの人間が登場していいのだろうか。何の参考にもならないのでは」という思いが頭をよぎったからです。間髪入れず小松記者から「挑戦なくして失敗なし。失敗こそ興味を引く」と説得され、思い切って引き受けることにしました。

いま改めて連載を読み返してみると、息の詰まるような場面が何度も出てきて、万感胸に迫るものがあります。一つ壁を乗り越えるとまた別の壁にぶち当たる苦難と闘いの繰り返し。「これは本当に自分の半生なのか」と疑ってしまうほど、紆余《うよ》曲折の75年でした。記事にまとめてもらったおかげで「自分は何のために生まれてきたのか」という使命を再確認することができました。大潟村の歩みと入植者の試行錯誤を丁寧に拾い上げてくれて、本当にありがたいです。

取材依頼を受けたのは令和4（2022）年末でした。その頃、私は東北をタマネギの一大産地に育て、輸入タマネギを国産タマネギに切り替える新たなプロジェクトに取り組んでいました。

八郎潟の干拓によって造られた大潟村は、誕生から60年近くが経過しました。その間、農家が血のにじむような努力で排水対策を進め、水はけの悪かった大地は畑作ができるまでに改良されました。一方で基幹施設である幹線用水路は老朽化し、改修工事が必要になっていました。村や土地改良区が国に改修を要望したところ、「高収益作物を栽培する事業計画を出してほしい」と注文を付けられたそうです。そこで取り組むことになったのが、タマネギ栽培だったわけです。

私たちは平成28（2016）年に立ち上げたみらい共創ファーム秋田で参画しましたが、これまで手がけたことのない作物でしたので、さまざまな課題に直面しました。タマネギは播種時期や苗の植付け時期が早すぎても遅すぎても駄目。土壌条件を合わせるのも極めて難しく、大規模栽培をする上でリスクの高い作物だったのです。ただ、やるからには中途半端ではいけません。東北を一大産地にする大きな目標を掲げて本腰を入れることにしました。

そのため、農業・食品産業技術総合研究機構（農研機構）の研究員から技術指導を受けました。タマネギの生長具合をスマートフォンで撮影し、画像を研究員に送信。時には現物を送り、逐一アドバイスを受けました。こうした努力を重ねた結果、ようやく生産が軌道に乗り始めました。

産地に育てるには、農研機構の持つ最新の栽培技術を東北全体に行き渡らせ、農家間で共有できるようにしなければなりません。初めて栽培に取り組む農家でも適切な技術指導を受けることができれば、日本農業再生の可能性は大きく広がるはずです。私はそのために何が必要なのかを日々考えてきました。

そこで着目したのが、NTT東日本グループの有する遠隔営農支援システムでした。これを活用して農研機構の栽培技術を農業の現場に配信できれば、産地化を実現できると考えたのです。農研機構とNTT東日本グループに協力を求め、令和5年4月にスマート農業の実証実験をする秋田県タマネギ産地形成コンソーシアムを立ち上げました。この実験で得られた成果は東北各県でも活《い》かされ、新たな産地形成の礎となるはずです。

私はもうひとつ、大きなプロジェクトに取り組んでいます。穀物や野菜、果樹などに関する農研機構の栽培技術を、NTT東日本グループの遠隔営農支援システムで配信する試みです。令和5年6月に日本農業再生に向けた新たなプロジェクトの設立を発表しました。この枠組みを活用すれば、北海道から沖縄まで津々浦々の農業者に最先端技術が配信されます。初めて農業に携わる人でも安心して農作物を育てられる仕組みを構築したいと考えています。将来的に農業者人口や営農指導員が減る中でも、食料の安定供給に貢献できるようにしなければなりません。乗り越えるべき壁はたくさんありますが、日本農業の衰退を防ぐため全力で取り組んでいきます。

私がコメ農家から会社経営者への新たな一歩を踏み出したのは、36年前のことです。昭和62（1987）年10月に仲間と一緒に大潟村あきたこまち生産者協会を創業しました。会社では今日に至るまで一貫して「思いやり」と「安全安心」を追求してきました。

コメを購入してくださるお客さまは村から数百キロも離れた所に住んでいるため、電話や手紙でしかやりとりできません。遠く離れていて直接会えないお客さまとどうやって心を通わせるか。その答えは、「思いやり」を持ってお客さまに接することだと考えます。電話を受けた時、商品を発送する時、手紙を書く時など、お客さまとつながる全ての機会に、心を込めて対応することを信条としてきました。社員にこの考えを繰り返し伝えてきた結果、互いを思う気持ちが根付き、社内がきれいになり、社員の笑顔が増え、トラブルが減りました。逆の現象が起きる時は、思いやりが薄れていることのシグナルと捉えています。

もうひとつのこだわりである「安全安心」は、コメの付加価値を高め、信頼を得るための取り組みです。農家の作ったコメを直接届けるので、おいしいのは当たり前です。お客さまが本当に望んでいるのは、安全性の証明された、安心できる商品ではないでしょうか。私は安全かどうかを数値で示すことが重要だと考え、残留農薬の測定器を導入し、安全であることを確認して出荷することにしました。さらにカドミウムやギャバ値、放射性物質の測定器を導入。安全安心を担保するために投じた経費は4億円を超え、常に社員が分析に携わっています。高い信頼性と評価は、会社にとっての何にも代えがたい大きな財産になっています。

コメ作りや会社経営をする中で、先の見えない状況に置かれたことが何度もあります。そうした人生の分岐点において、私は幸いにも多くの師に出会い、苦難を乗り越えることができました。

農政学者の武田邦太郎先生（故人）からは、地域に30歳未満の農業者がどれだけいるかによって20年後、30年後の農業が予測できるという考え方を学びました。また、大潟村で営農していても、新たな挑戦をしなければ暮らしていけなくなるという危機感を植え付けてくれたことに、深く感謝しています。

1次入植者の松本茂さん（故人、高知県出身）からは「自主自立」の信念を貫く意義を教わりました。松本さんは制約を受けずにコメを作れるようにするため、私たち農家を率いて農事調停を申し立てました。調停は不調に終わったものの、国から農地を没収される危機から救い、稲作の面積を増やす成果をもたらしてくれました。松本さんは筋萎縮性側索硬化症（ALS）を発症しましたが、営農問題の解決に向けた熱意は誰よりも強く、まさに命懸けでした。後に同じ病気で苦しむ患者のために全国組織を設立し、奥さんのるいさんと一緒に奔走した生涯は、私に大きな視座を与えてくれました。

菅義偉元総理は、官房長官時代から手紙や電話で激励してくださいました。令和2年4月には「輸入タマネギを国産タマネギに替えるため、新たな産地をつくってほしい」と電話をいただきました。あれから3年たち、ようやく東北の産地化に向けた道筋が見えてきました。その過程で農研機構の久間和生理事長も紹介していただき、日本農業発展のため一緒に取り組むきっかけをつくってもらいました。

農業再生には、越えなければならない壁がたくさんあります。それらを一つずつ乗り越えることで、「若者が夢と希望を持てる農業」を創造することができると信じています。

私はスマートフォンもパソコンもインターネットも使えません。家庭では食事も作れず、洗濯機の使い方も分かりません。1人では何もできない人間です。でも、あれをやりたい、これもやりたいという「夢」だけは誰よりも多く持っています。

家族や社員にはこれまで長年にわたり、私の夢に付き合わせ、振り回して大変な苦労をかけてしまいました。長男の信は他にやりたい仕事があったと思いますが、協会に入って私の後継者となり、銀行対応を一手に引き受けてくれました。妻のアヤ子にも結婚以来、半世紀にわたって、羅針盤のない小舟で真っ暗な荒海に乗り出したような人生に付き合わせてしまいました。みんなの協力がなければ、私は何一つなし得なかったでしょう。難儀をかけてきたことを深く反省しつつ、この場を借りて心から「ありがとう」と言いたいです。

そして最後に、これまで支えてくださった消費者会員の皆さま、生産者会員の皆さま、取り引き先の皆さまに、改めて御礼申し上げます。

令和5年10月

大潟村あきたこまち生産者協会会長　涌井　徹

大潟村あきたこまち生産者協会の創業者である父の「シリーズ時代を語る」を読み、新生の大地で光明を見いだそうと必死に足場を築いてきた入植者たちの労苦に触れることができました。今日、われわれ世代が村で生産活動や事業を営めるのは、先人たちが農業に心血を注いでくれたおかげだと改めて感じ、感謝の念を抱いております。

私は高校を出て情報処理の専門学校へ進み、卒業後に東京のシステム開発会社に就職しました。そうした経緯もあり、食管制度にまつわる営農問題や会社の取り組みについては、直接触れる機会が少なく、友人や親から話題として聞いていた程度でした。村の農業の在り方を考えるようになったのは、弊社に入った27歳の時からでした。

そして今回、「時代を語る」が新聞連載されたことで、父が何のために闘い、道を切り拓《ひら》こうとしてきたのかを理解することができました。農家として、入植者として、弊社の創業者として、1人の人間として、さまざまな課題に体当たりでぶつかってきた姿に、感慨深い思いをしています。

弊社は気候変動や政策転換、米価下落など農業を取り巻く目まぐるしい変化の中を突き進んでまいりました。荒波を乗り越えて会社を存続させ、社員や生産者の生活を守り抜くことは並大抵のことではありません。父は常に大きな重圧を抱えてきたはずです。その歩みを振り返り、長期間にわたって組織を継続していくことの意味を考えさせられました。それは、時代の変化を感じ取ること、柔軟に対応すること、そして未来への種をまき続けることだと感じております。

私が弊社に入って二十数年たちました。これまで、無洗米の販路を開拓するため東京や大阪での営業所の立ち上げに関わったり、財務部門を担当したりしてきました。企業経営にとって金融業務がいかに重要かを学んでおります。この本の出版に当たり、父の背中を見てきた者の1人として、生産者やお客さま、取引先の方々、社員に喜んでいただける会社にしていかなければと、決意を新たにしているところです。

令和5年10月

大潟村あきたこまち生産者協会社長　涌井　信

シリーズ時代を語る（一部を除き880円）

山田 清繁 著

一を以《も》って之《これ》を貫く

―「おはよう納豆」に懸けた人生

ヤマダフーズ（美郷町）を全国屈指の納豆メーカーに育て上げた。その情熱と、成功の影にあった数々の苦労などを紹介する。

舘岡 誠二 著

黒きは耕す男の眼

―俳句と共に歩んだ日々

俳人の金子兜太（とうた）氏に師事。八郎潟町で湖畔時報を発行する傍ら、秋田の風土を生かした句作を続けてきた筆者の情熱を描く。

桑原 功 著

時流に乗って躍動

―包装の美を求めて

包装資材専門卸売店を創業。「細心にして大胆」に社業発展にまい進する傍ら、40以上の公的団体の活動に携わってきた歩みをたどる。

大里 祐一 著

寄り添う医療を貫いて

医師として地元の人々に寄り添い、傘寿を超えても訪問診療を継続。県議を務め、医療関係者の待遇改善にも奔走した半生を振り返る。

シリーズ時代を語る（一部を除き880円）

辻田与五郎 著
夢が人生つくるのさ
横手市雄物川町で農業をする傍ら、全国各地を飛び回り、漫談で人を楽しませてきた。夢を持ち続けることの大切さを語る。

市川晋一 著
僕は村のお医者さん
青年時代から農村医療を志し、無医村だった旧西木村（仙北市西木町）の診療所に着任した兵庫県出身の医師。医療や命への思い。

佐々田亨三 著
未来を生きる子供の教育
中学校教師を長年務め、由利本荘市教育長などを歴任。教師として考え、試行錯誤してきたことを回顧し、教育の移り変わりをたどる。

浅利京子 著
川反芸者・若勇 半生を語る
華やかな花柳界があった秋田市大町の通称・川反を舞台に、30年近くにわたり芸を磨いてきた半生を語る。1000円。

大地を起こし、農を興す

定　　価	880円（本体800円＋税）
発 行 日	2023年11月30日
編集・発行	秋田魁新報社
	〒010-8601　秋田市山王臨海町1－1
	Tel. 018(888)1859
	Fax. 018(863)5353
印刷・製本	秋田活版印刷株式会社

乱丁、落丁はお取り替えします。

ISBN978-4-87020-435-5　c0223 ¥800E